T0128066

essentials

essentials liefern aktuelles Wissen in konzentrierter Form. Die Essenz dessen, worauf es als „State-of-the-Art" in der gegenwärtigen Fachdiskussion oder in der Praxis ankommt. *essentials* informieren schnell, unkompliziert und verständlich

- als Einführung in ein aktuelles Thema aus Ihrem Fachgebiet
- als Einstieg in ein für Sie noch unbekanntes Themenfeld
- als Einblick, um zum Thema mitreden zu können

Die Bücher in elektronischer und gedruckter Form bringen das Expertenwissen von Springer-Fachautoren kompakt zur Darstellung. Sie sind besonders für die Nutzung als eBook auf Tablet-PCs, eBook-Readern und Smartphones geeignet. *essentials:* Wissensbausteine aus den Wirtschafts-, Sozial- und Geisteswissenschaften, aus Technik und Naturwissenschaften sowie aus Medizin, Psychologie und Gesundheitsberufen. Von renommierten Autoren aller Springer-Verlagsmarken.

Weitere Bände in der Reihe http://www.springer.com/series/13088

Oliver Errichiello · Arnd Zschiesche

Praxis-Check digitale Markenführung im Mittelstand

Leitfaden für die nachhaltige Transformation von analog zu digital

Oliver Errichiello
Büro für Markenentwicklung
Hamburg, Deutschland

Arnd Zschiesche
Büro für Markenentwicklung
Hamburg, Deutschland

ISSN 2197-6708   ISSN 2197-6716   (electronic)
essentials
ISBN 978-3-658-22596-4   ISBN 978-3-658-22597-1   (eBook)
https://doi.org/10.1007/978-3-658-22597-1

Die Deutsche Nationalbibliothek verzeichnet diese Publikation in der Deutschen Nationalbibliografie; detaillierte bibliografische Daten sind im Internet über http://dnb.d-nb.de abrufbar.

Springer Gabler
© Springer Fachmedien Wiesbaden GmbH, ein Teil von Springer Nature 2018

Gedruckt auf säurefreiem und chlorfrei gebleichtem Papier

Springer Gabler ist ein Imprint der eingetragenen Gesellschaft Springer Fachmedien Wiesbaden GmbH und ist ein Teil von Springer Nature
Die Anschrift der Gesellschaft ist: Abraham-Lincoln-Str. 46, 65189 Wiesbaden, Germany

Was Sie in diesem *essential* finden können

- Was Marken im Netz stark macht
- Was digitale und analoge Markenführung unterscheidet
- Wie Marken im Kommunikationsgewitter erkennbar bleiben
- Wie man das Leistungsportfolio einer Marke strukturiert digitalisiert
- Wie man den Erfolg einer digitalen Markenstrategie messbar macht

Inhaltsverzeichnis

Herausforderungen und Konsequenzen der Digitalisierung für die Markenführung

Die in der Praxis entscheidende Frage zur Führung und Entwicklung einer Marke in Zeiten digitaler Kanäle ist, ob – neben technischen Möglichkeiten – strukturelle Unterschiede zwischen klassischer und digitaler Markenführung bestehen. Zweifellos ist durch die Digitalisierung ein entscheidender und in seiner wirtschaftlichen Bedeutung immer relevanter werdender Kanal entstanden, der neuartige und spezifische Möglichkeiten der wertschöpfenden Kommunikation bietet. In diesem neuen Umfeld müssen Marken ebenso neuartig agieren, wahrscheinlich auch erst ihre spezifischen Online-Interpretationen entwickeln, Erfolge feiern und Niederlagen erleben, um ihr digitales Profil zu schärfen. Doch trotz aller Innovationsfaszination geht es darum, die Dynamiken menschlicher Kommunikation und Vertrauensbildung zu berücksichtigen, denn auch ein Highspeed-Internet macht noch keinen neuen Menschen. Es ist daher fatal zu glauben, dass die Führung einer Marke im Netz ganz neuen und innovativen Prinzipien zu entsprechen habe. Was nun genau die Ansprüche des Netzes sind, darüber gibt es eine Vielzahl von Ansichten.

Was vielen Ansätzen fehlt, ist die Berücksichtigung der soziologischen und sozialpsychologischen Gesetzmäßigkeiten der Markenbildung: Funktioniert Überzeugen im Netz also tatsächlich vollkommen anders als auf dem Wochenmarkt? Hinzu kommt, dass es durchaus Unterschiede hinsichtlich der Markenführungsstrategien gibt, je nachdem, ob es sich um ein globales Unternehmen oder einen regionalen Mittelständler handelt. Kann und soll ein renommierter Hersteller für Gummidichtungen tatsächlich eine „Love Brand" werden (müssen)? Was für Coca-Cola richtig sein mag, ist für einen nationalen Mittelständler im Business-to-Business unter Umständen wirtschaftlich verheerend – von den unterschiedlichen finanziellen Möglichkeiten ganz zu schweigen. Es ist umso erstaunlicher, dass die vermeintlichen Erfolgsrezepte globaler Konzerne wie Coca-Cola, Unilever, Nespresso, Starbucks

© Springer Fachmedien Wiesbaden GmbH, ein Teil von Springer Nature 2018
O. Errichiello und A. Zschiesche, *Praxis-Check digitale Markenführung im Mittelstand*, essentials, https://doi.org/10.1007/978-3-658-22597-1_1

oder Google in Büchern, Präsentationen und Blogs gerne als universelle Beispiele für alle Unternehmensarten angeführt werden. Das, was für einen multinationalen Konzern mit immensen Werbebudgets und Beratern gilt und realisierbar ist, bietet dem bemühten Mittelständler höchstens Inspirationsmaterial.

» In der digitalen Markenführung gibt es keine universellen Erfolgsrezepte, denn jede Marke ist deshalb erfolgreich, weil sie keine Standards, sondern spezifische Lösungen anbietet Allerdings lassen sich bestimmte generelle Erwartungshaltungen der Kunden mit hoher Wahrscheinlichkeit prognostizieren, die wertvoll für die digitale Markenschärfung sind.

1.1 Digitale Markenführung – Revolution des Brandings?

Besteht eigentlich ein grundlegender Unterschied zwischen digitaler und klassischer Markenführung? Ja und nein. Ja, weil es sich um zwei unterschiedliche Kanäle mit unterschiedlichen Gegebenheiten, Kontaktpunkten und Zeithorizonten handelt. Nein, weil sie in beiden Fällen die Marke voranbringen wollen und sollen. Genauer gesagt: eine Marke mit ihrer individuellen Geschichte. Die oben formulierte Differenzierung in „klassisch" und „digital" weist diese Individualität bereits aus: Mit „klassisch" sind die sinnlich komplexen Wahrnehmungsangebote, mit „digital" die zu einem Bildschirmangebot verdichtete Begegnung mit einer Marke gemeint. Letztere Möglichkeit, eine Marke „indirekt" aufzubauen und zum Wachsen zu bringen, gibt es bereits seit langer Zeit, denn die ersten Mitteilungen über Zeichen, beispielsweise erste Höhlenzeichnungen, sollten ja auch von jeweils eigenen Taten und eigenem Können berichten. Im Mittelalter wurde das Zunftzeichen genutzt, um außerhalb der Stadtmauern und ohne faktischen Rückgriff auf den Hersteller zu verdeutlichen: Das Zeichen auf dem vorliegenden Produkt macht klar, dass es nach allen Regeln der Handwerkskunst gefertigt wurde. Es handelt sich also nur um ein Zeichen, das ideell bestimmte Vorstellungen hervorruft und reelle Handlungen nach sich zieht. Auf einem modernen Plasmabildschirm geschieht im Prinzip genau dasselbe.

» Auch im Netz muss Vertrauen aufgebaut werden.

Unsere Verfeinerung der Transportmaterialien weit über Pergament und Papier hinaus ist nunmehr elektronisch geworden. Damit kann sich eine Marke an jeder

Stelle der Erde mitteilen – ein gewaltiges, unerschöpfliches Angebot an Informationen und Leistungsangeboten ist das Ergebnis. Für Marken und Unternehmen wird es (theoretisch) nun immer einfacher, bis in die entlegenste Hütte Aufmerksamkeit zu erzeugen – an die Stelle des Kiosk in der Kreisstadt rückt die ganze Welt als Markt. „Mein Feld ist die Welt" ist für jeden Menschen real geworden – er benötigt allenfalls ein funktionierendes Smartphone. Gleichzeitig wird es auch immer schwieriger, sich erkennbar durchzusetzen, also in seiner Eigenart erkannt zu werden. Wie soll man bei Millionen von Konkurrenten überhaupt auffallen? Im Gegensatz zu in einer Stadt, in der in einem Viertel die Anzahl der Konkurrenten rein räumlich irgendwann begrenzt war, ist das Internet durch seine Unendlichkeit gekennzeichnet.

Hinsichtlich der Markenführung ist das Management mit einem weitaus vielschichtigeren Komplexitätsgrad konfrontiert als noch vor einem Jahrzehnt. War bis in die 2000er Jahre allein ein Verkaufskanal zum Kunden zu kontrollieren (Point-of-Sale), so muss fast jedes Unternehmen heute mit einer schier unzähligen, fast unkontrollierbaren Anzahl von Outlets umgehen: der analoge POS, der eigene Online-Shop, Portale, Partner-Webshops – national und international. Und immer sollte das Augenmerk auf die Frage gerichtet sein: Wird die Marke weiterhin in typischer Art und Stilistik repräsentiert? Dabei geht es nicht darum, ob ein Unternehmen ins Netz geht, denn der stationäre Handel ist gekennzeichnet durch stagnierende Kaufkraft und stetig wachsenden Wettbewerb bei gleichzeitig steigenden (analogen) Faktorkosten! Alle Mechanismen des Verdrängungskampfes wirken im stationären Handel seit fast zwei Jahrzehnten. Klar ist aber auch, dass Unternehmen sehr unterschiedliche Antworten auf die Herausforderung der Digitalisierung geben. Die Vorstellung von einer rein digitalen Welt geht nicht auf, denn virtuelle Welten rufen gleichzeitig eine Gegenbewegung hervor, in der Menschen analoge Genüsse (man beachte nur den Erfolg von Kochshows oder die hohe Auflagenzahl von Gartenmagazinen) und Erfahrungen (Revival des persönlichen Shoppings in den 1a-Lagen) umso stärker betonen.

1.2 Die Marke in der Datenflut

Bereits in der „Aufbruchphase der Digitalisierung" von 2000 bis 2002 wurden mehr Daten produziert als in der gesamten Menschheitsgeschichte bis dahin (BITKOM 2012, S. 12). Jeden Tag entstehen 30 Mio. PowerPoint-Präsentationen, die uns für eine Sache, ein Projekt oder eine Marke begeistern wollen. Im Jahr 2016 wurden pro Minute 204 Mio. E-Mails verschickt, bei WhatsApp

13,8 Mio. ausgehende Nachrichten versendet und bei YouTube 72 h Video-material hochgeladen. Die Digitalisierung hat das Angebot an Inhalten bis ins nahezu Unendliche gesteigert. Anders formuliert: Das Netz ist bereits jetzt endlos unüberschaubar. Jeder von uns kennt die Situation, sich beim „Surfen" immer weiter in das Netz hineinzuarbeiten, auf Links und Unterlinks zu klicken und schließlich Stunde um Stunde dort zu verbringen, ohne absehbares Ende, weil alles mit allem verknüpft ist. Bietet bereits die bloße Internetseite eine differenzierte Vielfalt, so kommen weitere digitale Kanäle zum Einsatz: Facebook, Microblogs, Twitter, Videoplatt-formen und Apps pluralisieren das Angebot durchgängig und permanent.

▸ Das Netz ist unendlich unüberschaubar und somit ein unendlicher Markt.

Zeitgleich scheint der Wunsch, Marken zu entwickeln, immer stärker: So wird davon ausgegangen, dass pro Monat durchschnittlich 1300 Marken rechtlich angemeldet werden (vgl. Hofbauer und Schmidt 2007, S. 28). Es scheint, als habe die Explosion der Möglichkeiten gleichzeitig zur Forcierung eines Mittels geführt, das analog zu einer Boje auf einem unendlichen Ozean Orientierung zu geben vermag: die Marke.

Klar ist, dass die Evolution der Technik vom Personal Computer, über den Laptop hin zum Smartphone bis zu der Tatsache, dass sämtliche Geräte miteinander vernetzt sind und einen universellen Computer darstellen, eindeutige Auswirkungen hat: Die Geräte werden immer leistungsfähiger, immer kleiner, immer schneller, immer günstiger und immer erlebnisreicher. Durchschnittlich schaut jeder Mensch alle zehn Minuten auf sein „Digital Device" – 150 Mal am Tag.

1.2.1 Digitales Marketing

Bei der Frage nach den Folgen der Digitalisierung für Markenkonzept und Marke-ting herrscht weitegehende Übereinstimmung: Das analoge Markenkonzept bzw. „integrierte Kommunikation" sei für hochgradig individualisierte und zielgruppen-spezifische digitale Kanäle nicht einsetzbar: Das „Hineindrücken" universeller, übergreifender Markeninhalte mache keinen Sinn mehr. Denn das Internet gäbe im Gegensatz zu den klassischen Werbekanälen Usern die Möglichkeit, ihre Inhalte und Programme individuell zusammenstellen. Gerade diese Tatsache führe dazu, dass sich Menschen nur sehr schwer von ihrem „Smartphone" lösen können: So können

User überall und jederzeit auf Inhalte zugreifen, die sie interessieren. In der Folge sind Beziehungen durch die Digitalisierung permanent bedroht, denn die Möglichkeit, dass es immer noch etwas „Spannenderes", „Wichtigeres" oder „Relevanteres" in der Vielfältigkeit der Welt gibt, bedingt die „Macht", die das Smartphone auf das Verhalten ausübt. Selbst der direkte „menschliche Kontakt" scheint gegen die Inhalte aus dem Netz keine Chance zu haben, wenn man beobachtet, dass es selbst bei einem netten Beisammensein im Restaurant nicht mehr unüblich ist, dass alle irgendwann auf ihr Handy starren. Gleichzeitig nutzen Marken bzw. Unternehmen dezidierte Analysen zum Nutzungsverhalten, um ihre Informationen so zu streuen und aufzubereiten, dass der einzelne Nutzer automatisch angesprochen wird. Ziel ist es also, die Inhalte für einen digitalisierten Kanal spezifisch auf die jeweiligen Kundengruppen anzupassen. Eine „One-size-fits-all"-Lösung im Sinne gleichbleibender Markeninhalte würde aufgrund ihrer Irrelevanz für viele User höchste Streuverluste bedingen.

> Markenbotschaften und Werbung wirken nicht mehr automatisch, weil der User selbsttätig seinen Medienkonsum bestimmt.

1.2.2 Emotionalwelten statt Leistungsportfolio

Bereits in den 1990er Jahren war man der Überzeugung, dass sich Produkte und Dienstleistungen zunehmend angleichen würden. Massenproduktion, Marktorientierung, standardisierte Wettbewerbsverordnungen, teilweise sogar gesetzlich vorgeschriebene Produktionsweisen würden dazu führen, dass Waren sich kaum noch unterscheiden. Von daher sei es schwierig, wenn nicht unmöglich, mit Leistungsbeweisen und Produktvorteilen für ein Angebot interessieren zu wollen. Als Ausweg aus diesem Dilemma müssten sich Marken „emotionalisieren", d. h. ihren Namen mit bestimmten universellen, positiven Gefühlswelten wie „Freude", „Harmonie", „Freiheit", „Abenteuer" verknüpfen. Wenn nämlich die Produkte immer ähnlicher würden, dann könne eine Marke nur dadurch Relevanz entfalten, indem sie den potenziellen Kunden einen „emotionalen Mehrwert", den sog. „added value" bieten würde. Dementsprechend müsse die Werbung mit hochgradig gefühlsorientierten Motiven und Inhalten agieren.

Der Erwerb eines Produktes oder einer Dienstleistung basiert jedoch nicht ausschließlich auf emotionalen Faktoren. Die Marke „Nike" steht zwar auf der Imageebene u. a. für Sport, Abenteuer oder das Gefühl, über sich selbst hinaus wachsen zu können – aber letztlich muss auch die Marke Nike funktionierende und wertgemäße Schuhe und Sportbekleidung produzieren. Kurzum: Auch der

Mythos „Nike" entsteht in einer Fabrikationshalle (und meist unter hoch frag-würdigen Bedingungen). Wenn eine Marke demnach ihren Produktzweck nicht zufriedenstellend einlöst, helfen auch keine noch so fundamentalen Emotional-welten.

Auch in der zwischenmenschlichen Kommunikation greift das Argument, man habe ein bestimmtes Produkt gekauft, weil es so „emotional" war, nicht wirklich. Beim Kauf einer Waschmaschine entscheidet, ob das Gerät gemäß seiner Wertliga eine angemessene Leistung erbringt. Die alte Werberweisheit gilt noch immer: Wenn Menschen bereit sind, für ein Produkt ihr schwer verdientes Geld auszu-geben, dann sollte es dem Unternehmen auch wert sein, über eben dieses Produkt zu berichten.

Auch der Wunsch, die Vergleichbarkeit mit Emotionen auszuschalten, ist kurz gedacht, denn das menschliche Repertoire an Gefühlswelten ist relativ begrenzt: Liebe, Zuneigung, Spannung, Freude, Abenteuerlust … Emotionen sind ja des-halb kulturübergreifend wirksam, weil sie aus einem gemeinsamen kulturellen Fundus schöpfen. Gäbe es unzählige, vollkommen unterschiedliche Gefühls-welten, so wären sie unter Umständen nicht universell wirksam. Dies bedeutet, dass eine Verengung auf den „added value" nicht zu weniger, sondern im Effekt zu mehr Angleichung führt. Die Austauschbarkeit moderner Werbung ist ein Beleg für diesen Zusammenhang. Ein Herausragen aus dem Einerlei ist meist nur noch über Tabubrüche oder noch massivere Werbebespielung möglich.

> Die Betonung „emotionaler Inhalte" verstärkt die Gleichartigkeit der Markenbotschaft – eine Gefahrenquelle für jede Marke. Marken-Emotionen entstehen automatisch – aber ausschließlich aus der Markenleistung.

1.2.3   Kommunikation auf Augenhöhe

Die Digitalisierung hat die „emotionale Anreicherung" von Marken nochmals verändert, denn das kommunikative Machtgefüge zwischen Unternehmen und Kunden hat sich fundamental verschoben: Durch die vielfältigen Möglichkeiten des Internets kann sich jeder Mensch nicht nur über ein Unternehmen informie-ren, sondern hat ebenso die Möglichkeit, seine persönlichen Meinungen und Erfahrungen zu äußern – global und in Echtzeit.

Die klassische Kommunikationstheorie der Markenführung ging bisher von einem Sender aus, der seine Botschaft gezielt und nach weitgehend eige-nen Regeln verbreitet oder, um es deutlich zu formulieren, „in den Markt oder die Öffentlichkeit hineinpresst". Je höher der (finanzielle) Einsatz, desto stärker die Rezeption beim Publikum. Die klassischen Medien wie TV, Radio oder Print haben die Aufgabe, die selbst entwickelten (Marken-)Botschaften in die Öffentlichkeit zu tragen, die bei einer begrenzten Anzahl von Kanälen (d. h. Fernsehsendern oder Printmedien) kaum Wahlmöglichkeiten haben. Bei nur drei Fernsehkanälen war die Auswahlvarianz noch relativ eingeschränkt. Daraus folgt(e): „Werbung wirkt", weil man ihr nicht entkommen kann. Diese monomedialen Wirkgarantien sind abgelöst. Nunmehr bietet das Internet ein Forum, in dem Menschen die kommunikativen Angebote selbst auswählen und – sofern gewollt – vertiefen können. Zusätzlich zu einem individuellen Auswahlprozess haben sie die Möglichkeit, direkt zu einem Programm oder Angebot Stellung zu beziehen. Hinsichtlich der Marke ist das Netz eine Kommunikationsplattform und keine mediale Informations-Einbahnstraße. Die Kommunikationsströme haben sich demokratisiert: Statt „top-down" kommt es zum „All-in". Alles kann und wird bewertet – teilweise rein emotional und ohne kenntnisreiche Bewertungsgrundlage.

▶ Digitale Marken müssen sich den begründeten und unbegründeten Meinungen der Öffentlichkeit stellen.

1.2.4 Smartphone und Markenführung

Eine besondere Rolle in der digitalen Markenführung hat das heute omnipräsente Smartphone. Inzwischen nutzen ca. 78 % aller Menschen in Deutschland ein Smartphone. (Bitkom 2017) Das Smartphone hat sich zunehmend als sog. „first screen" etabliert. Die Verknüpfung von beruflicher Praktikabilität mit persönlichen Inhalten macht das Gerät zu einem ausgelagerten biografischen Inhaltsträger und erklärt seine Anziehungskraft und das „merkwürdige" Gefühl, wenn wir es vergessen oder gar verloren haben.

Die Kunden gelten mit dem Smartphone als „always on", sodass die Marke gezwungen ist, ständig, aber vor allem auch pointiert Präsenz zu zeigen. Heute beträgt die Internetnutzungsdauer der 14- bis 29-Jährigen durchschnittlich 245 min pro Tag, wobei 75 % der Zeit mit dem Smartphone gesurft wird. Die Altersgruppe der 30- bis 49-Jährigen ist immerhin durchschnittlich 148 min im Netz. Der Nutzer selbst „checkt" mit einem mobilen Gerät unkompliziert das Angebot an Informationen oder Produkten und Dienstleistungen in Echtzeit. Die besondere Herausforderung für die Marke besteht darin, diese Aktivität permanent in ihrem Sinne zu steuern und zu kanalisieren – im besten Fall sogar den User zum spontanen und automatisierten Handeln zu motivieren.

▶ Das Smartphone als „first device" bedingt eine noch stärke Verdichtung
der relevanten Leistungsinhalte einer Marke.

1.2.5 Menschen freiwillig binden

Starken digitalen Marken gelingt es, als Anbieter von Inhalten für bestimmte
Gruppen eine derartige Relevanz zu entwickeln, dass der autonome User frei-
willig auf die Idee kommt, die digitale Präsenz anzusteuern – letztlich sogar
Gewohnheitsmuster zu etablieren. An sich ist diese Auffassung nicht neu: Jede
Marke versucht als Referenz das Denken der Menschen in ihrem Aktivitätsfeld
zu prädisponieren. Allerdings: Diese Grundhaltung ist die fundamentale Strategie neuartiger Geschäftsmodelle, die aus dem Silicon Valley nach Europa kommen: Danach geht es im ersten Schritt nicht darum (wie im herkömmlichen
Markenentwicklungsverständnis), ein Produkt optimal und auf alle Eventuali-
täten hin „durchzuplanen", bevor es marktreif ist, sondern als sog. „Minimal
Viable Product" (MVP) mit einem hochinnovativen oder – im Vergleich zum
Wettbewerb – verbesserten Produktfeature in den Markt zu drängen. Diese
„schmal aufgestellten Produkte" sind in der Lage, vergleichsweise schnell Resonanz zu erzeugen und Kunden an sich zu binden. Sämtliche Kunden werden
schließlich und permanent auf Basis des Ursprungsprodukts mit neuen Produkt-
differenzierungen und Features vertraut gemacht – die Erfahrungen fließen direkt
in die Produktentwicklung ein. Ein Beispiel bildet diesbezüglich die Marke
„WhatsAp", die zunächst als optimierter SMS-Service an den Start ging und erst
sukzessive hoch spezialisierte Produktfeatures anbot – die auf eine große Basis
bestehender Kunden traf und zunehmend weitere Features (Sprachnachrichten,
Bilder usw.) integrierte. Dies ist gerade für den europäischen Mittelstand eine
Neuerung, gilt doch eher das „Tüfteln" bis zur optimalen Lösung als Prämisse
des Handelns. Die Integration der Kundenerfahrungen in den permanenten Ent-
wicklungsprozess ist neu und erfordert Umdenken und Mut – und darf dennoch
nicht dazu führen, dass die Firma ihre (Marken-)Richtlinienkompetenz in dem
Prozess verwässert.

Für eine digitale Überzeugungsstrategie ist es daher erforderlich, dass der
Kunde „dauerhaft lautlos überzeugt" werden muss, die Botschaften bzw. die
Informationsäußerungen der Marke kennen zu *wollen*. Gleichzeitig ist es wichtig
für die Kommunikation, dass eine Marke es versteht, ihre Botschaften kongruent
zu ihrem Tagesgeschäft zu vermitteln, weil Abweichungen oder leere Ver-
sprechungen unmittelbar von den Kunden aufgegriffen und beurteilt bzw. kritisiert
werden. So schreibt der Medienwissenschaftler Wolfgang Henseler: „Nicht mehr

Branding und Marketing sowie elitäre Bewertungen seitens anerkannter Institute oder Persönlichkeiten allein prägen die Wahrnehmung und den Wert einer Marke, sondern vor allem die sozialen Netzwerke, die eine Marke beurteilen, bewerten, kommentieren und damit entscheidenden Einfluss auf deren Prosperität nehmen." (Henseler 2011, S. 117).

Diese Einschätzung wird durch aktuelle Studien hinsichtlich der Glaubwürdigkeit unterschiedlicher kommunikativer Kanäle unterstützt: Auf die Frage „Wie sehr trauen Sie jeder der folgenden Kommunikationsarten von Unternehmen, Organisationen, Marken, Produkten oder Dienstleistungen?" kommt es zu folgenden Ergebnissen (TNS Infratest 2010, S. 8):

- 49 % trauen der Empfehlung von Freunden und Bekannten
- 44 % trauen Produktproben
- 37 % trauen Online-Empfehlungen

Klassische Fernseh- und Printwerbung gilt hinsichtlich ihrer Glaubwürdigkeit heutzutage als kaum noch relevant. Auch in Zeiten der Digitalisierung ist das Wort einer nahestehenden Person mit realen Produkterfahrungen immer noch oder gerade aufgrund eines schier unendlichen Angebotes die vertrauenswürdigste Empfehlung. Es gilt viel eher die Aussage, dass eine zunehmende Digitalisierung das Bedürfnis nach persönlichen Erfahrungswerten nicht reduziert, sondern verstärkt hat. Vor diesem Hintergrund ist auch nachvollziehbar, warum möglichst „persönliche Bewertungen" mit Namen, Fotos und einer „Kommentarbiografie" die wertvollste Kategorie in Bewertungsportalen darstellt. Auch nimmt die Figur des „Influencers" strukturell die Vorstellung des „guten Bekannten" auf, wobei die Kraft des persönlichen Urteils eben in der Tatsache begründet ist, vorurteilsfreie Ratschläge zu geben, was den (in der Regel) bezahlten Influencer nicht charakterisiert und seine abnehmende kommunikative Relevanz vorwegnimmt.

Zusammenfassung
Digitale Markenführung muss mit folgenden Herausforderungen umgehen:

- **Kommunikationsgewitter:** Die Explosion der verfügbaren Daten führt zu einer rasant anwachsenden und nicht zu bewältigenden Informationsflut. Marken stehen in Konkurrenz zum unendlichen Weltmarkt der Möglichkeiten.
- **Pausenlose Kommunikation:** Der technische Fortschritt hat zur Entwicklung von Geräten geführt, die den Zugriff auf das Internet permanent möglich machen („always on"). Eine Marke kommuniziert heute pausenlos.

- **Universelles Feedback:** Die Zielgruppen kommentieren unkontrolliert ihre Erfahrungen mit dem Unternehmen: Die Markenbotschaften müssen „real" sein, da Abweichungen sofort und ungefiltert die Öffentlichkeit erreichen und über hohe Wertschätzung und Glaubwürdigkeit verfügen.
- **Emotionalisierung:** Nachdem die Verdrängungsmärkte die übergreifende „Emotionalisierung" der Produktwelten vorantrieben, versucht der digitale Markenauftritt, jeden einzelnen Kunden „emotional-individuell" anzusprechen. Nicht die Marke sendet, sondern der Kunde wählt aus.
- **Vernetzung:** Durch die sozialen Netzwerke werden Botschaften und Kommentierungen in Echtzeit global verbreitet. Unternehmensleistungen werden dadurch schnell bekannt („Hype"), aber verlieren dementsprechend auch schnell wieder an veröffentlichter Relevanz, denn das Netz lebt allein von Neuigkeiten. Entscheidend ist es, eine einmal aufgebaute digitale Aufmerksamkeitswelle nicht als „gegeben" zu verstehen. Sie kann Anschub sein, ist aber so gut wie nie fundierte Vertrauenskraft.

Vor diesem Hintergrund muss die langfristig orientierte Marke agieren. Für mittelständische Marken sind diese Herausforderungen nochmals verschärft, denn gegen die übermächtige Präsenz von Digitalunternehmen, Plattformen und multinationalen Marken gilt es, sich in der Unendlichkeit des Netzes relevant zu entwickeln.

Literatur

Bitkom. (2012). Big Data im Praxiseinsatz – Szenarien, Beispiele, Effekte. http://www.post-und-telekommunikation.de/PuT/1Fundus/Dokumente/Info_und_Leitfaeden/BITKOM/Big_Data_BITKOM-Leitfaden_Sept.2012.pdf. Zugegriffen: 16. März 2018.

Bitkom. (2017). Smartphone Markt: Konjunktur und Trends. https://www.bitkom.org/Presse/Anhaenge-an-PIs/2017/02-Februar/Bitkom-Pressekonferenz-Smartphone-Markt-Konjunktur-und-Trends-22-02-2017-Praesentation.pdf. Zugegriffen: 16. Apr. 2018.

Henseler, W. (2011). Social Media Branding. Markenbildung im Zeitalter von Web 2.0 und App-Computing. In E. Theobald & P. T. Haisch (Hrsg.), *Brand Evolution. Moderne Markenführung im digitalen Zeitalter* (S. 111–126). Wiesbaden: Springer Gabler.

Hofbauer, G., & Schmidt, J. (2007). *Identitätsorientiertes Markenmanagement. Grundlagen und Methoden für bessere Verkaufserfolge*. Berlin: Walhalla.

TNS Infratest. (2010). Advertising touchpoint study 2010. http://www.tns-infratest.com/presse/pdf/Presse/TNS_Infratest_Advertising%20Touchpoints_2010_Charts_Top10.pdf. Zugegriffen: 16. März 2018.

Fünf Grundsätze, die eine Marke stärken

2

Starke Marken sind Anker in der Unübersichtlichkeit des traditionellen, aber vor allem des digitalen Kommunikationsgewitters einer zunehmend technisierten Gesellschaft. Mussten die Menschen bis vor 25 Jahren zwischen drei TV-Sendern wählen, sind die Wahlmöglichkeiten heute nahezu unendlich. Das gilt für Kommunikationskanäle genauso wie für ein unendliches Warenangebot über den Marktplatz Internet. Marken erfüllen gerade vor dem Hintergrund dieser Perspektive die Funktion, das Angebot der Warenmärkte überschaubarer zu machen und Entscheidungssicherheit zu geben. Sie sind nahezu „Garantie für definierte Leistungen" und bieten spezialisierte Problemlösungen in Zeiten, in denen wir – gerade im Netz – immer mehr einem „guten Namen" statt realen Personen vertrauen müssen.

Entgegen einer weit verbreiteten Auffassung lassen sich Marken nicht einfach auf dem Papier „definieren" oder „umpositionieren". Ihre Eigenschaften lassen sich auch nicht aus der Marktforschung ablesen, geschweige denn, dass sich die Marke allein auf Basis von Marktforschungsergebnissen führen ließe. Denn die Marktforschung bildet Wirkungen ab, aber nicht die sie konstituierenden Ursachen.

▶ Es gilt: Markenkraft als ökonomischer Wert ist das Ergebnis spezifischer Unternehmensleistungen, die von den Kunden über lange Zeit immer wieder in gleicher Weise erlebt wurden. So entsteht erst nach und nach der für Marken so entscheidende Vertrauensvorschuss in den Köpfen der Kunden.

In Zeiten der Digitalisierung ist Vertrauen wichtiger denn je. Im Unterschied zur vordigitalen Wirtschaft, in der es nur sehr langsam gelang, das Wissen um eine Marke aufzubauen, bietet die digitale Vernetzung der Marke den Vorteil,

© Springer Fachmedien Wiesbaden GmbH, ein Teil von Springer Nature 2018
O. Errichiello und A. Zschiesche, *Praxis-Check digitale Markenführung im Mittelstand*, essentials, https://doi.org/10.1007/978-3-658-22597-1_2

sehr schnell und theoretisch sogar grenzenlos bekannt zu werden. Indem wir die Information zu einer Marke in wenigen Klicks komplett vorliegen haben, sind wir prinzipiell auch bereit, schneller Vertrauen zu entwickeln … oder aber es zu verlieren, weil quasi unendliche Alternativen bereitstehen. Deshalb wird die Einhaltung der Vertrauensursachen immer wichtiger.

Vertrauen ist heutzutage ein Kernbegriff der Markenführung und wird in der Betriebswirtschaft gerne verwendet. Dabei ist eindeutig, dass es sich bei Vertrauensprozessen um soziale bzw. sozialpsychologische Dynamiken handelt. Die wortgeschichtliche Analyse des Begriffes „Vertrauen" macht den Kern dieser Dynamik deutlich. Vertrauen geht zurück auf den Begriff „treu". Wir entwickeln vertrauen zu Menschen, die sich selbst treu sind, denn sie versprechen uns Sicherheit und Zuverlässigkeit in einer unübersichtlichen Welt. Dieses Gefühl können wir zu Menschen, aber in der einer modernen Welt auch zu Objekten aufbauen. Der Verlass auf die Einhaltung von Leistungszusagen ist also – konkret – die Ursache für Vertrauen.

Dieses Vertrauen muss mit allen aktuellen und künftigen Leistungen stets aufs Neue bestätigt werden, damit die Kunden der Marke dauerhaft treu bleiben- und sie auch bereit sind, einen wertgerechten Preis zu zahlen. Wer seine Marke effizient und entscheidungssicher führen will, muss daher die Ursachen für diesen Vertrauensvorschuss kennen und sie zum Maßstab für sein Handeln im Tagesgeschäft und bei der strategischen Ausrichtung nehmen.

Die fünf Grundsätze, um eine Marke wertschöpfungsstark zu aktivieren, sind nachfolgend zusammengefasst. Entscheidend bleibt die Tatsache, dass Markenstärke – unabhängig ob digital oder analog – auf bestimmten Grundsätzen beruht. Die für die wertschöpfungsorientierte Verankerung der Marke entscheidenden Prämissen sind im Folgenden aufgeführt:

1. **Marke ist ein Qualitätsversprechen:** Marke bedeutet Vertrauen in die gleichbleibende Güte von Produkten oder Dienstleistungen – in der jeweiligen Liga. Die erlernten Erfahrungswerte der Kunden definieren den Handlungskorridor einer Marke. Dieses Vertrauen muss sich das Unternehmen jeden Tag neu erarbeiten – egal, ob es sich um eine innovative Plattform, halbe Hähnchen oder Luxusuhren handelt. Die Marke als Marke interessiert niemanden, bestenfalls die Werbeagentur.
2. **Alle Kraft auf eigene Stärken:** Unternehmen in komplexen Verdrängungsmärkten vergessen, für welche Leistungen die eigene Marke steht oder ursprünglich stand. Sie diversifizieren und weiten Sortimente und Services unkontrolliert aus, um vermeintliche Zielgruppen zu erreichen. Oft fehlen

anschließend die Ressourcen für die eigentlichen Kernkompetenzen. Die Folge: Das Unternehmen irritiert seine Stammkundschaft. Das Ziel muss demgegenüber heißen: Eigene Stärken zeitgemäß – d. h. selbstähnlich – stärken.

3. **Konsequent die eigene Leistung kommunizieren:** Die eigene Leistung- und nur diese – muss immer wieder kommuniziert werden. Das kann kreativ bis konservativ geschehen, aber es muss eindeutig auf die Markenleistung einzahlen: Je eindeutiger, desto besser. Gute Markenkommunikation folgt den vorgegebenen Strukturen der Marke und nie dem Zeitgeist.

4. **Konkurrenz ist kein Maßstab für das eigene Handeln:** In der Realität herrschen permanente Wettbewerbsbeobachtung, täglich aktualisierte „Marktforschungsergebnisse", Panikberichte durch sekundengenaue digitale Kundenanalysen sowie Big Data als Benchmark für das eigene Handeln vor. Die Frage „Was machen die anderen?" ist bequem, sie befreit von der komplizierten Frage „Was machen wir?". Kunden kaufen ein spezifisches Produkt, weil sie es aus ganz bestimmten Gründen vorziehen. Exakt diese Gründe müssen erarbeitet und gepflegt werden.

5. **Marketing ist Teil des Tagesgeschäfts:** Die Komplexität moderner Unternehmen führt oft zu einem immer stärkeren Abstand des Marketings von der Verkaufsebene mit dem Ergebnis, dass Marketingideen, die meilenweit von der Realität des Tagesgeschäfts entfernt sind und keinen Beitrag zur Markenstärkung leisten, sogenannte Werbeinseln bilden. Die Abkopplung von der Wertschöpfungskette ist die automatische Folge. Es kommt zu Marketing- und Werbeaktivitäten, die nichts mit der Marke zu tun haben. Die Geschäftsleitung muss Aktivitäten des Marketings auf ihre langfristig markenstärkende Wirkung hin überprüfen.

Eine Marke analysieren und ihre Durchsetzungskraft aktivieren: Der genetische Code

3

Die Spezifik einer Marke ist stets nur aus sich selbst heraus, aus ihrer individuellen Geschichte ableitbar. Denn jede Marke wird zur Marke weil sie einen Aspekt der Welt in einer besonderen Art und Weise interpretiert – manchmal mit umfassenden Folgen (die Erfindung des iphones), manchmal aber auch nur über ein kleines Detail (Erweiterung der Öffnungszeiten eines Geschäftes). Diese Aspekte sind nicht abstrakt, sondern höchst konkrete Leistungen, die Menschen mit einem (Marken-)Namen verknüpfen. Den Prozess zwischen Leistung und Verknüpfung wird unter dem Begriff des „positiven Vorurteils" zusammengefasst. Vorurteile sind uns aus der Lebenswirklichkeit geläufig und gelten als unerwünschte Generalisierungen. Wissenschaftlich betrachtet, kennzeichnet den modernen Alltag, dass sich der Mensch von Vorurteilen leiten lassen muss – würden wir uns tatsächlich mit allen Fakten auseinandersetzen, die in Hinblick auf einen Sachverhalt zu beachten wären, so kämen wir nie zu Entscheidungen. Dabei bestehen sowohl negative Vorurteile als auch stets positive Vorurteile, die wir hinsichtlich eines Akteurs haben. Das bedeutet: In einer komplexen Welt sind wir auf Vorurteile angewiesen – sie strukturieren die Welt und reduzieren die Komplexität. Dabei geht es im wirtschaftlichen Konkurrenzkampf vor allem auch darum, die positiven Vorurteile einer Marke dauerhaft und übergreifend zu verankern. Im Effekt steht ein (nahezu) automatisiertes Zusprechen bestimmter Leistungseigenschaften, die eine Marke im Wettbewerb differenziert.

Wenn Marke ein positives Vorurteil ist, das durch die tagtägliche Einlösung erwarteter Leistungen entsteht, dann kann nur eine substanzielle Aussage über die Kernwerte der Marke getroffen werden, sofern die Ursachen für dieses Bild dezidiert vorliegen. Das heißt: Eine wertschöpfungsorientierte Markenanalyse nimmt die gesamte Biografie einer Marke bis zum heutigen Tag in den Fokus.

© Springer Fachmedien Wiesbaden GmbH, ein Teil von Springer Nature 2018
O. Errichiello und A. Zschiesche, *Praxis-Check digitale Markenführung im Mittelstand*, essentials, https://doi.org/10.1007/978-3-658-22597-1_3

Die Marke ist ein Wirtschaftssystem, das seine Wertschöpfungskette so organisiert hat, dass jede ihrer Abteilungen in der typischen Wertklasse der Marke arbeitet – von der Beschaffung der Rohstoffe, über die Forschung und Entwicklung, die Produktion, den Vertrieb, die Werbung und schließlich auch die digitalen Kommunikations- und Marketingkanäle. Das letzte Glied in dieser aufeinander aufbauenden Kette bilden die Kunden, die bereit sind, in das Markensystem einzuzahlen, indem sie ein Produkt oder eine Dienstleistung kaufen.

In Gegensatz zu Maschinen oder Softwareprogrammen sind Marken sogenannte „lebende Systeme", die sich von „nicht-lebenden Systemen" dadurch unterscheiden, dass sie weder jedes Detail auf Basis feststehender Konstruktionspläne nachzubilden versuchen, noch ihre präzise Gestalt verändern. In „nicht lebenden-Systemen" herrscht ein hoher Grad an Ordnung, der klar kalkulierbare Ergebnisse einfordert – und auswirft. Deswegen sind der Wunsch und das Streben im Management so groß, eine Marke zu strukturieren und auszurichten wie eine „normale" Maschine.

Die Analyse der Strukturen „lebender Systeme" ist um einiges schwieriger und komplexer, schließlich lassen sich die Strukturen nicht – wie beispielsweise bei einem Maschinenbauplan – eindeutig ablesen. So kann ein Maschinenbauingenieur bei guter Arbeit genau bestimmen, wie eine technische Apparatur konzipiert werden muss, um ein klar definiertes Ergebnis zu produzieren. Beim „lebenden System" Marke dagegen kann das Ergebnis nie eindeutig sein, sondern nur tendenziell in die gewünschte Richtung führen. Beschaut man die Entwicklung eines Unternehmens über die Zeit, so ergeben sich jedoch bestimmte Merkmale und Leistungsinhalte, die trotz sich verändernder Rahmen- und Marktbedingungen nahezu gleich geblieben sind und das entscheidende Strukturmuster bedingen.

Jedes lebende System regelt seine Entwicklung mithilfe seines „Genetischen Codes", der sich in der Entstehungsphase der Marke bildet und nachfolgend stabilisiert. Auch hier ist die Ähnlichkeit zum lebenden Einzelorganismus augenfällig. Dieser innere Aktionscode sichert die Spezifik einer Marke ab und stellt die Unterscheidung vom Wettbewerb sicher. Die Besonderheit liegt darin, dass dieser Markencode in der Lage ist, universelle und gleichartige Ausgangsmaterialien (z. B. Rohstoffe, Techniken oder Informationen) in sich aufzunehmen, zu verarbeiten und in etwas „Typisches" und „Unterscheidbares" zu transformieren. Im Ergebnis gibt der Code das Koordinatensystem vor, innerhalb dessen die Marke agieren muss, wenn sie das positive Vorurteil hinsichtlich ihres Namens tiefer verankern will, um die Wertschöpfungskraft gezielt zu stärken. Klar ist aber auch: Marken können (langfristig) nur das reproduzieren, was ihnen wirtschaftlich etwas einbringt.

Zu Beginn ihrer Entwicklung kann eine Marke noch hohe Freiheitsgrade aufweisen: Ausgehend von einer ursprünglichen Idee probiert sich eine Marke aus, beschreitet teilweise höchst unterschiedliche Strategien, da sie ihr Erfolgsprofil zunächst noch finden muss. Dies geschieht so lange, bis sie schließlich mit einem bestimmten Produkt bzw. einer Dienstleitung Zuspruch erfährt und Umsätze erwirtschaftet. Sobald die Marke auf Resonanz gestoßen ist, bleibt sie dieser erfolgreichen Systematik treu, schließlich hat das Muster zu Wertschöpfung geführt. Änderungen finden bei einer kontrollierten Markenführung mit zunehmender Zeit immer behutsamer statt – nichts soll das mühsam aufgebaute Vertrauen und damit die bestehende „Wertschöpfungsgarantie" in Gefahr bringen.

▶ Eine Marke ist vor allem auch die Integration von systemerhaltenden Mutationsblockaden gekennzeichnet, durch die Ziehung von Grenzen. Diese Grenzen bilden das eigentliche Erfolgsmuster Marke.

3.1 Was wird analysiert?

Eine Markenanalyse nimmt das Image als Ausgangspunkt, um die Ursachen für dieses Außenbild in den internen Handlungen des Unternehmens zu isolieren. Konkrete Beispiele wären etwa:

- Was sind die Ursachen dafür, dass viele Menschen heute der Marke Dr. Oetker eine hohe Zuverlässigkeit zubilligen?
- Was sind die Ursachen dafür, dass Vaillant gerne als modernes Produkt wahrgenommen wird?
- Was sind die Ursachen dafür, dass Floragard als vertrauenswürdig und wertig betrachtet wird?

Beschaut man sich diese Aussagen genauer, so wird deutlich, dass diese Einschätzungen auf sehr konkreten Leistungen beruhen. So liegt das Urteil bzgl. Dr. Oetker u. a. in der Tatsache begründet, dass das Unternehmen sehr frühzeitig darauf achtete, die Kunden beim Backen und Kochen zu unterstützen, bspw. durch eigene Kochbücher und Kochkurse. Vaillant setzte auf eine sehr gut ausgerüstete Forschungsabteilung mit – im Ergebnis – vielen Patenten, während Floragard eine eigene Gartenbauabteilung mit Versuchsgewächshäusern unterhielt und mehr als 3000 unterschiedliche Erdenrezepturen entwickelte. Es wird also deutlich, dass auch Images auf realen Produktleistungen beruhen, die ein Unternehmen frühzeitig und konsequent beibehalten hat.

Abb. 3.1 macht den Ursache-Wirkungscharakter von Leistung und Image an der Markenikone „Tagesschau" der Medienlandschaft deutlich.

3.2 Der System-Code: Leistung statt Image

Nur durch eine genaue und weit zurückreichende Beobachtung lassen sich diese erfolgsrelevanten Strukturmuster innerhalb des Systems erkennen. Mithilfe einer Langzeitbeobachtung werden sich wiederholende Interaktionen zwischen Marke und Mensch, aber auch der einzelnen Menschen untereinander erkennbar. Diese Realitätsgebundenheit differenziert das Erfolgsprofil vor allem von klassischen Markendefinitionen, die sich auf Soft-facts stützen und konkrete Leistungen durch Begriffe wie bspw. „Qualität" oder „Innovation abstrahieren" und somit interpretationsoffen machen. Denn was unter „Qualität" zu verstehen ist, wird höchst unterschiedlich eingeordnet. Ergebnis: Abstrakte Begriffe sind nicht geeignet, das Tagesgeschäft eines Unternehmens und seiner Produkte zu erfassen und Instrumente für das Management abzuleiten.

Abstrakte Markendefinitionen erlauben lediglich die Erarbeitung von „Standardrezepten", die problemlos auf jeden Auftraggeber angepasst werden können. Marken sind allerdings höchst individuell und müssen nach den spezifischen Erwartungshaltungen der Kunden und Zielgruppen geführt werden („Marken werden immer konkret wahrgenommen."). Die Marke gibt die Richtung vor. Denn die Rezepte und Strategien, die für ein Unternehmen gelten, sind für ein anderes Unternehmen vollkommen unbrauchbar.

Realisierungen	Ursache/Erfolgsbaustein	Wirkung/Image
Gong und Fanfare	Die Tagesschau	Die ARD ist seriös
Fester Sendeplatz		
Texte werden vorgelesen (keine spontanen Kommentare)		
Gehobener Kleidungsstil der Moderatoren		
Feststehende Studiogestaltung		

Abb. 3.1 Ursache-Wirkungsprinzip am Beispiel der Tagesschau

Hinzukommt ein strukturelles Problem: Imagedefinitionen einer Marke erfassen Bereiche, die außerhalb des Zugriffs des Unternehmens liegen. Denn Images beschreiben lediglich die Wirkungen von Handlungen einer Marke über die Zeit und eben nicht die Ursachen für deren Entwicklung. Insoweit aber die Ursachen für diese Images nicht vorliegen, verfügt das Management nicht über die entscheidenden Stellschrauben, um eben die gewünschten Vorstellungen/ Images gezielt zu instrumentieren.

▶ Ganz simpel: Eine Marke kennzeichnet spezifische Leistungen und Eigenarten, die zusammengenommen einen spezifischen System-Code bilden Dieser „Genetische Code – Das Erfolgsprofil der Marke", lenkt die Evolution eines Unternehmens.

Das Erfolgsprofil der Marke ist dadurch charakterisiert, dass die entscheidenden Erfolgsbausteine des Unternehmens ermittelt und der Markenführung zugänglich gemacht werden. Dabei ist die Zielsetzung eindeutig: Mit dem Erfolgsprofil soll das Handlungsmuster freigelegt werden, welches den Erfolg des Unternehmens bedingt hat, und zwar auf Grundlage der Leistungen von der Vergangenheit bis heute. Das Management hat die Aufgabe, diesen Erwartungshaltungen möglichst genau und zeitgemäß zu entsprechen – allein an dieser vermeintlich kleinen Aufgabe scheitern viele Brandmanager; sie setzt nämlich voraus, sich als „dienend" zu verstehen. Die Marke „gehört" also nie dem Management, sondern immer den Kunden.

Erfasst werden beim „Erfolgsprofil der Marke" alle sinnlich wahrnehmbare Elemente und Interaktionen, die im Laufe der Zeit „typisch" geworden sind. Sie sind die Merkmale, welche die kollektive Erinnerung und Bewertung einer Marke beschreiben (vgl. Abb. 3.2).

Die Analyse des Erfolgsprofils bleibt nicht auf die üblichen Marketingfelder beschränkt, sondern umfasst alle Bereiche, die für Kunden in direkter oder indirekter Weise erfahrbar werden. Dazu gehören beispielsweise auch Forschung und Entwicklung, Produktion, Vertrieb, Distribution und Kundenservice. Schließlich lassen sich die folgenden Fragen nicht mit einer Analyse der „Werberolle" beantworten, obwohl sie entscheidend für die Wahrnehmung der Marke sind:

• Wie ist das Unternehmen vom Tag seiner Gründung bis heute in welcher Weise aufgetreten?
• Was wurde in diesen Bereichen „typisch" reproduziert?
• Was konnte sich nicht durchsetzen und beschreibt die Grenzen der Marke?

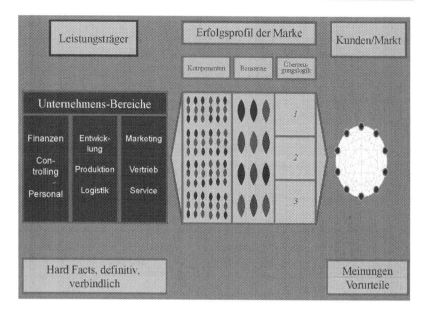

Abb. 3.2 Die Leistungen der Marke werden im „Erfolgsprofil der Marke" gebündelt

Mit dem Erfolgsprofil der Marke liegt ein Instrument vor, mit dem der Markenverantwortliche (s)eine Marke gezielt aufbauen kann. Dabei ist der vorgegebene Weg kein Wunschkonzert, keine Idealisierung im Sinne eines „so wären wir gerne". Vielmehr befindet sich das Material für das Verständnis und die erfolgreiche Entwicklung einer Marke einzig und allein im Unternehmen selbst. Dieses Vorgehen hat Vorteile, denn:

1. Die Markenführung beruht auf nachprüfbaren Fakten.
2. Die Markenführung kann nur die Inhalte in den Fokus rücken, die auch tatsächlich erbracht werden.
3. Interne Diskussionen auf Basis von Bauchentscheidungen oder Intuitionsentfallen, weil die Bewertung, ob ein Produkt oder eine Werbung „stimmig" ist, sich einzig und allein am Erfolgsprofil bewerten lassen muss.
4. Die digitale Transformation des Unternehmens sichert die Spezifik des Unternehmens in einem anderen Kanal ab, ohne die Marke per se zur Disposition zu stellen oder zu verwässern.

Im Folgenden werden nun am fiktiven Beispiel der Marke Werkzeughändler X die Arbeitsschritte zur Markenanalyse und Markenstärkung exemplarisch erläutert.

Den genetischen Code einer Marke identifizieren und in digitale Strukturen transformieren

4

4.1 Organisation/Durchführung

Neben analytischen Fragen einer Markenanalyse müssen auch die psychologischen Befindlichkeiten der Mitarbeiter berücksichtigt werden, denn gerade auch intuitives Know-how in Bezug auf ein Unternehmen ist relevant. Sofern am Ende eines Analyseprozesses verbindliche Strukturen für jeden einzelnen Mitarbeiter definiert werden, ist es entscheidend, eben auch möglichst viele dieser Menschen an dem Prozess der Erarbeitung zu beteiligen und sie um ihr Wissen zu bitten. Dies hat zwei Vorteile:

- Zum einen beschäftigt man sich mit den umfassenden, konkreten Leistungsinhalten der Marke, also den Fakten, die für die Kunden erfahrbar sind.
- Zum anderen integriert man möglichst die gesamte Mitarbeiterschaft in die Analyse. Dieses Vorgehen verhindert, dass die Ergebnisse als „aufgedrückt" begriffen werden und hilft bei der Akzeptanz und Durchsetzung der abgeleiteten Schritte.

Um diese Prämisse zu erfüllen, hat sich der folgende organisatorische Aufbau bewährt:

1. **Gruppenanalytisches Interview:** In einer eintägigen Gruppenklausur treffen sämtliche Bereichsleiter bzw. wichtige (und langjährige) Leistungsträger zusammen. Die einzelnen Abteilungen werden in einer moderierten Diskussion hinsichtlich ihrer Leistungsgeschichte und inhaltlichen Entwicklung sowie ihren Besonderheiten dezidiert befragt. Einige Zeit zuvor ist den Teilnehmern ein detaillierter Fragebogen zugegangen mit der Bitte, die entscheidenden

© Springer Fachmedien Wiesbaden GmbH, ein Teil von Springer Nature 2018
O. Errichiello und A. Zschiesche, *Praxis-Check digitale Markenführung im Mittelstand*, essentials, https://doi.org/10.1007/978-3-658-22597-1_4

Wegmarken und Arbeitsprozesse der Bereiche zu beschreiben. Kurze Präsentationen können die Themenbereiche einleiten. Die erhaltenen Informationen werden dokumentiert.

2. **Einzelinterviews/Unternehmensuntersuchung vor Ort:** Auf Basis der zuvor erhaltenen Informationen im Gruppeninterview werden einzelne Teilnehmer nochmals in individuellen Interviews befragt. Auch wird ggf. nun die Geschäftsführung integriert. Aussagen werden vertieft besprochen. Hinzu kommen Recherchebesuche im Unternehmen bzw. an den Schnittstellen zu Kunden, u. a. Geschäfte, Call-Center, Lager, Vertriebsfahrten, Schulungen, ritualisierte Events/Festivitäten für die Kunden. Die Ergebnisse werden dokumentiert.

3. **Analysephase/Desk-Research:** Überlassene Unterlagen (Betriebswirtschaftliche Analysen, KPIs, alte Verkaufsunterlagen, Werbematerialien usw.) werden ausgewertet und in Verbindung mit den Aussagen der Gruppen- und Einzelinterviews gebracht. Auf Basis des vorliegenden Informationsmaterials werden wiederkehrende Muster und „typische" Strukturen innerhalb der Marke gewonnen. Im Ergebnis steht der „genetische Code" mit seinen Erfolgsbausteinen und Leistungskomponenten.

4. **Faktencheck:** Die erarbeiteten Erfolgsbausteine der Marke sowie die sie konstituierenden Komponenten/Leistungen werden vor der Präsentation auf ihre Richtigkeit überprüft.

5. **Präsentation vor einem kleinen Kreis:** Das Erfolgsprofil der Marke wird der Geschäftsführung präsentiert. Etwaige strategische Korrekturen werden integriert. Erste generelle Empfehlungen werden im kleinen Kreis diskutiert.

6. **Präsentation vor einem größeren Kreis:** Die im Gruppeninterview befragten Mitarbeiter erfahren das Ergebnis der Untersuchung. Im optimalen Fall gibt die Geschäftsführung auf Basis der Ergebnisse ihre Markenstrategie bekannt bzw. präsentiert die einzelnen Erfolgsbausteine und leitet daraus die strategischen Weichenstellungen für die Mitarbeiterschaft in verständlicher Weise ab.

4.2   Das Erfolgsprofil der Marke bestimmen

Wo und wie wird für eine markensoziologische Analyse gesucht? Es gilt, sämtliche Bereiche operationalisierbar zu machen, die in direkter Weise für den Kunden erfahrbar sind. Denn ein Kunde differenziert beim Kontakt mit einer Marke nicht zwischen gewollter und ungewollter Kommunikation. Alles, was unter dem Dach einer Marke erbracht wird, komponiert der Mensch zu einem Gesamteindruck: Die persönlichen Erfahrungen mit einem Verkäufer der Marke, die Stilistik der Website, seine Kleidung (Anzug oder Polo-Shirt), das Ambiente am Ort des Verkaufs, der Zustand der Lieferwagen, die Ausdrucksweise der Mitarbeiter im Call-Center kreieren das Bild in unseren Köpfen. Die organisatorischen Beschränkungen sind interne Abgrenzungsmechanismen, die mit der Markenrealität nichts zu tun haben. Daher gilt es, die gesamte Bandbreite der Aktivität zu erfassen.

Die Strukturierung anhand von fünf Aktionsfeldern erlaubt einen ersten Zugriff, um eine Marke in ihrer Gesamtheit erfassbar zu machen (vgl. Abb. 4.1). Folgende Dimensionen bilden in der Regel die Leistungen einer Marke ab:

- Produkt
- Population/Kunden
- Distribution
- Management/Personal
- Werbung/Kommunikation

Der Bereich „Digital" wirkt in alle fünf Felder hinein und sollte dementsprechend innerhalb der Felder spezifisch beschrieben werden.

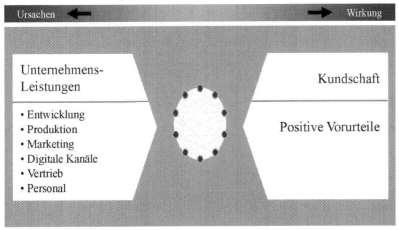

Abb. 4.1 Die Markenwahrnehmung ist das Resultat aller Leistungsbereiche, die der Kunde einer Marke wahrnimmt

4.2.1 Handlungsfeld Produkt

Das Produkt bzw. die Dienstleistung ist die Realisierung der eigentlichen Markenidee. Die (Ur-)Markenidee ist in vielen Fällen – in selbstähnlicher Variante – bis heute noch der Kernnutzen einer Marke. Über die Zeit kommt es meist zu einer Ausdifferenzierung des Angebots: Das Sortiment wird erweitert, um neue Kundengruppen anzusprechen oder noch individuellere Produktlösungen anzubieten.

In Bezug auf das **Handlungsfeld Produkt** ergeben sich folgende generelle Fragen innerhalb der Analyse:

* Was war die Gründungsidee der Marke?
* Gab es besondere/einzigartige Methoden/Techniken?
* Auf welche Resonanz stießen die Gründungsprodukte zunächst? Warum?
* Ist das Produkt/die Dienstleistung auf eine Idee beschränkt oder hat es bereits Ableger entwickelt?
* Welche Produkte/Dienstleistungen konnten sich innerhalb der Geschichte nicht durchsetzen?
* Wie originär ist das Produkt in seinem Segment im Vergleich zu den Konkurrenzunternehmen?
* Falls vorhanden: Wie wichtig ist der Bereich Forschung & Entwicklung? Welche Produkte wurden hier entwickelt oder erfunden?
* Gibt es besondere Persönlichkeiten und Entdeckungen?
* Wie ist der Einkauf organisiert? Bestehen besondere Regeln und Grundsätze?

4.2.2 Handlungsfeld Population/Kunden

In Bezug auf das **Handlungsfeld Population/Kunden** ergeben sich folgende Inhalte für den Fragekatalog der Analyse:

* Wer waren die ersten Kunden?
* Gibt es noch viele Kunden der Startphase?
* Wie erfährt ein Kunde normalerweise zum ersten Mal von der Marke?
* Wer kauft wie oft die Marke? (Beschreibung des typischen Kunden)
* Welche Ereignisse haben den Ruf der Marke besonders positiv/negativ beeinflusst?
* Bestehen wiederkehrende Aussagen hinsichtlich der Marke unter den Kunden?

4.2.3   Handlungsfeld Distribution

In Bezug auf das **Handlungsfeld Distribution** ergeben sich folgende Inhalte für den Fragenkatalog der Analyse:

- Bestehen grundsätzliche Vertriebsregeln?
- Welche Handelstypen verkaufen das Produkt (Fachhandel, Supermärkte, Verbrauchermärkte, Discounter, Direktvertrieb, Internet)?
- Im Umfeld welcher anderen Marken wird das Produkt präsentiert?
- Folgt der Auftritt einer vorgegebenen stilistischen Linie oder gibt der Handel die Stilistik vor?
- Inwieweit hat sich der Auftritt seit seiner Gründung (weiter-) entwickelt?

Neben der klassischen Distributionsanalyse sollte eine Marke auch hinsichtlich ihres Preises untersucht werden. Entscheidend ist dabei vor allem die Einheitlichkeit der Preisgestaltung eines Produkts bzw. einer Dienstleistung:

- Wie hat sich die Preisstabilität bzw. Preisspanne über die Zeit bis heute entwickelt?
- Welche Rolle spielten und spielen Sonderangebote und Rabattaktionen?

4.2.4   Handlungsfeld Management/Personal

In Bezug auf das **Handlungsfeld Management** ergeben sich folgende Inhalte für den Fragekatalog der Analyse:

- Liegen Informationen zur Biografie und zu den beruflichen Erfahrungen des Gründers vor?
- Welche Führungs- und Entwicklungsgrundsätze gelten im Unternehmen?
- Welche Formen der Gemeinschaftsbildung und der Firmenkultur herrschen vor?
- Wie gestaltet sich die Mitarbeiterpflege?
- Gibt es eine Gewinnverteilung im Unternehmen?

4.2.5 Handlungsfeld Werbung und Kommunikation

In Bezug auf das **Handlungsfeld Werbung/Kommunikation** ergeben sich folgende Fragen im Rahmen der Analyse:

- Wie sahen die ersten Werbungen des Unternehmens aus? (Dabei können auch Briefe/Prospekte untersucht werden, die nicht in den Bereich der klassischen Werbung fallen, aber erste Argumente/Ideen auflisten.)
- Wie ist der Stil von Werbung und PR? (Entwicklung im Zeitverlauf: Gestaltung, Sprache, Argumente, Farbe, Motive usw.)
- Welche Werbeträger werden in welchem Maße eingesetzt?
- Wo und wann wird geworben (historisch und aktuell)?
- An wen richten sich Werbung und PR (historisch und aktuell)?
- Gibt es herausragende Motive, Slogans oder Events seit der Gründung?
- Gibt es Vorkommnisse/Leistungen, die für besondere Aufmerksamkeit gesorgt haben? (Dies muss nicht unbedingt ein klassischer Werbeträger gewesen sein.)

Nach Beantwortung der o. g. Fragen beginnt die Analysephase. Dabei basiert der „genetische Code" einer Marke auf gebündelten Leistungsclustern, den sog. „Erfolgsbausteinen" der Marke.

4.3   Die Erfolgsbausteine der Marke identifizieren

Der genetische Code entschlüsselt die komplexen Zusammenhänge innerhalb des Markensystems, erfasst die operativen Elemente und macht sie kontrollierbar. Die Idee ist, dass bestimmte Leistungen in einem spezifischen „Leistungsbündel", dem Erfolgsbaustein, verdichtet sind. Die analytische Aufgabe liegt in der exakten Gruppierung bzw. Clusterung der einzelnen Leistungen zu eben diesen „Leistungsbündeln" oder Erfolgsbausteinen. Diese individuellen Erfolgsbausteine (in der Regel ca. acht bis zwölf) sind das Fundament der Durchsetzungskraft und des wirtschaftlichen Erfolgs der Marke im Markt.

Erfahrungsgemäß findet sich eine große Anzahl von Erfolgsbausteinen in ähnlicher Form auch beim Wettbewerber. Das liegt in der Logik der gemeinsamen Marktbearbeitung. Entscheidend ist aber, dass es niemals eine hundertprozentige Übereinstimmung hinsichtlich der Erfolgsbausteine geben wird. Auch bedeutet eine hohe Übereinstimmung nicht automatisch eine austauschbare

Kommunikation. Die Erfahrung zeigt, dass viele Unternehmen vor der Betonung leistungsspezifischer Aspekte zurückschrecken und/oder entweder eine vergleichbare Leistung nicht oder nur inkonsequent bespielen.

Merkmale von Erfolgsbausteinen

1. Der Erfolgsbaustein ist seit langer Zeit (meist seit Gründung) essenzieller Bestandteil der Markenpräsenz.
2. Der Erfolgsbaustein trägt zur Wertschöpfung des Unternehmens maßgeblich bei – ohne ihn würde das Unternehmen in wirtschaftliche Schwierigkeiten geraten.
3. Der Erfolgsbaustein löst hohe Resonanz bei den Kunden und darüber hinaus aus. Bisher wurden Erfolgsbausteine immer wieder den veränderten Kundenbedürfnissen behutsam angepasst.
4. Die Wirkungen des Erfolgsbausteins sind für die Kunden direkt erfahrbar.
5. Der Erfolgsbaustein ist Teil des kollektiven Gedächtnisses innerhalb der Firma und bei den Stammkunden und wird auch von jungen Mitarbeitern bzw. Kunden als Besonderheit zurückgespielt.
6. Der Erfolgsbaustein hat für die Außenwirkung (Werbung/PR) eine herausragende Position und wird überdurchschnittlich stark erinnert.

Entscheidend ist: Erfolgsbausteine werden durch konkrete Leistungen im Tagesgeschäft, sogenannte Komponenten, gebildet.

4.3.1   Entschlüsselung eines genetischen Codes am Beispiel eines (fiktiven) mittelständischen Werkzeughändlers

Das nachfolgende Beispiel verdeutlicht, welche Leistungen den jeweiligen Erfolgsbaustein konstituieren. Dabei wird gezielt ein fiktives mittelständisches Unternehmen betrachtet, um exemplarisch die Logik in der Analyse und in der Instrumentierung zu vereinfachen.

Entscheidend ist die normative Differenzierung von Erfolgsbaustein und Komponente: Die Erfolgsbausteine einer Marke sind gesetzt. Ihre gravierende Veränderung oder Löschung hat erhebliche Auswirkungen auf die Wahrnehmung der Marke und führt zu Irritationen bei den Kunden. Komponenten sind jedoch zeitabhängig: Ihre individuelle Interpretation muss den Gegebenheiten und

Erfordernissen der Zeit entsprechen und bedarf der ständigen Überprüfung und Neujustierung, beispielsweise indem bisher analoge Komponenten nun – unter der inhaltlichen Weichenstellung des übergreifenden Erfolgsbausteins – digitalisiert werden. Strukturell ist der genetische Code – das Erfolgsprofil der Marke – wie ein Bauplan einsetzbar. Denn die klare Vorgabe, wie ein Erfolgsbaustein zu instrumentieren ist, kann als Kreativaufgabe im Unternehmen selbst verankert werden. Die Definition eines Erfolgsbausteins kann nunmehr auf die einzelnen Bereiche, Abteilungen und sogar Arbeitsplätze rückgeführt werden.

Ausgangspunkt der Analyse: Image des Werkzeughändlers X
Im Sinne des beschriebenen Ursache-Wirkungsprinzips werden die entscheidenden Images der Marke zunächst gesammelt. Diese Zuschreibungen können auf Basis fundierter Marktforschungen erfolgen, allerdings gibt ein erstes Stimmungsbild (bspw. kurze Befragung unter dem Stichwort: „Welche positiven Eigenschaften fallen ihnen spontan zum Werkzeughändler X ein") durchaus wertvolle Ansatzpunkte für die Erarbeitung des Erfolgsprofils (vgl. Abb. 4.2).

Beispiel Werkzeughändler X:
Positive Vorurteile in der Kundschaft

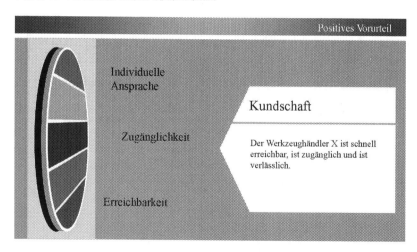

Abb. 4.2 Die Erhebung der „spontanen Assoziationen" (Images) weisen auf die Leistungsgeschichte der Marke hin

Rückführung der Images auf Erfolgsbausteine bzw. Leistungsbündel
Die entscheidenden Merkmale der Marke werden als Erfolgsbausteine beschrieben (vgl. Abb. 4.3). Sie sind ursächlich für die Wahrnehmung bzw. das Image im Markt. Die Erfolgsbausteine basieren auf dem Zusammenwirken einzelner Leistungen. Erst die einzelnen Leistungen konstituieren den jeweiligen Erfolgsbaustein. Dies wird klar, sobald drei Erfolgsbausteine exemplarisch auf ihrer Komponentenebene verdeutlicht werden.

- Für den Erfolgsbaustein „Regionalprinzip" konstituiert sich das detaillierte Leistungsmuster wie in Abb. 4.4 dargestellt.
- Für den Erfolgsbaustein „Inhaber als nahbare Persönlichkeit" konstituiert sich das Leistungsmuster wie in Abb. 4.5 dargestellt.
- Für den Erfolgsbaustein „Persönlicher Ansprechpartner zeigt Lösungen auf" konstituiert sich das Leistungsmuster wie in Abb. 4.6 dargestellt.

Analyse der Erfolgsbausteine (Auszug)

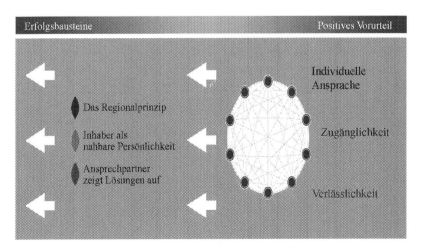

Abb. 4.3 Die Images werden auf leistungsbasierte Erfolgsbausteine zurückgeführt

Analyse-Beispiel eines Genetischen Teilmusters

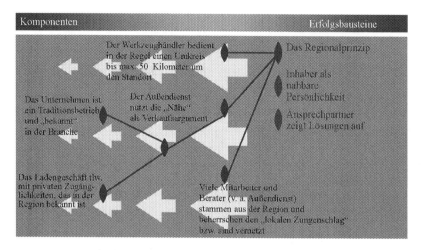

Abb. 4.4 Leistungen des Erfolgsbausteins „Regionalprinzip"

Analyse-Beispiel eines Genetischen Teilmusters

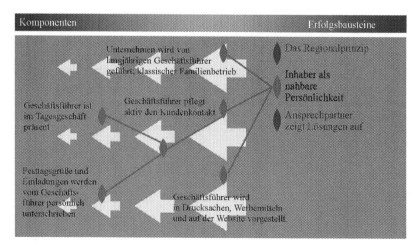

Abb. 4.5 Leistungen des Erfolgsbausteins „Inhaber als nahbare Persönlichkeit"

Analyse-Beispiel eines Genetischen Teilmusters

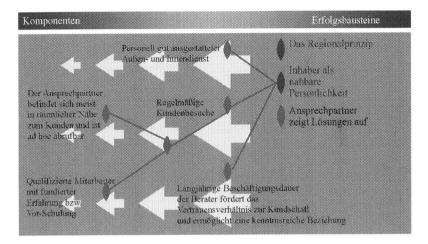

Abb. 4.6 Leistungen des Erfolgsbausteins „Persönlicher Ansprechpartner zeigt Lösungen auf"

4.3.2 Messung und Relevanz der Erfolgsbausteine

Einige Erfolgsbausteine besitzen eine höhere Relevanz für die Wahrnehmung der Marke als andere. Im Rahmen einer systemischen Analyse wird davon ausgegangen, dass zwar derartige Relevanzgefälle bestehen, aber die Marke von den Kunden als Gesamtheit wahrgenommen wird, bzw. unterschiedliche Erfolgsbausteine für unterschiedliche Kundengruppen eine ungleiche Wichtigkeit besitzen.

Grundsätzlich lässt sich allerdings nach Erarbeitung des Erfolgsprofils die Relevanz der Erfolgsbausteine quantifizieren. Die herkömmliche Logik „Zunächst Marktforschung, dann Markenstrategie" wird also umgedreht. Denn erst wenn klar ist, was die Marke charakterisiert, kann gemessen werden, welche Aspekte für die strategische Arbeit besonders betont werden müssen. Dies verhindert, dass in der Kommunikation Merkmale hervorgehoben werden, die außerhalb des eigentlichen Markenterritoriums liegen.

Wir wird die Relevanz von Erfolgsbausteinen gemessen?
Zunächst werden Erfolgsbausteine und Komponenten schematisch aufgegliedert und – wie bereits im Erfolgsprofil geschehen – zugeordnet. Diese Differenzierung

erlaubt nicht nur die Messung der Hebelwirkung des Bausteines, sondern auch der Komponenten. Denn die Wahrnehmung der Marke in der Öffentlichkeit wird nicht über den Erfolgsbaustein als solchem, sondern von den real erfahrbaren Komponenten geprägt. Die Analyse und Bestimmung ihrer Relevanz ist daher entscheidend.

Bei der Messung der Komponenten geht es allerdings nicht um eine simple „Bekanntheitsabfrage", die die Kenntnis über eine bestimmte Leistung erheben will, sondern darum herauszufinden, welche Bedeutung der Befragte der Leistung im Hinblick auf das Markenimage und die Kaufwahrscheinlichkeit (bzw. Wiederkaufswahrscheinlichkeit bei bestehenden Kunden) hat. Auf einer Skala von 1 bis10 kann der Befragte die Wichtigkeit angeben. Durch die Differenzierung nach soziodemografischen Daten (Mann/Frau, Alter, Bildung, Wohnort usw.) steht am Ende des Analyseprozesses ein genauer Überblick über die Hebelwirkung, d. h. die Bedeutung der einzelnen Komponenten und Erfolgsbausteine.

Warum ist diese Relevanzmessung bedeutsam?
Grundsätzlich kann ein Unternehmen auf diese Weise abschätzen, welche Erfolgsbausteine/Komponenten in der Lage sind, besondere Resonanz zu entfalten, weil sie von der Öffentlichkeit als besonders „typisch" oder „spezifisch" wahrgenommen werden. Die Fokussierung auf bereits gepflegte „positive Aspekte" der Marke versieht die Kreativarbeit bspw. für eine Werbung oder die Schwerpunkte eines digitalen Auftritts mit resonanzfähigen Inhalten. So kann die Selektion von stark resonanzfähigen Komponenten die Agenda der Kommunikation bestimmen, indem ein klares Briefing gegeben werden kann, bspw. die drei stärksten Komponenten „in Szene zu setzen".

4.3.3   Umsetzung für den Bereich der digitalen Kommunikation und Werbung

Es ist immer wieder feststellbar, dass sich der digitale Bereich als Innovationsinsel vom Rest des klassischen Unternehmens entfernt. Problematisch ist diese Entwicklung, sobald die Innovationskraft des digitalen Kanals nicht mehr auf das analoge Business einzahlt. Vor diesem Hintergrund bietet die Arbeit mit dem Erfolgsprofil die Möglichkeit, die einzelnen Erfolgsbausteine als gesetzte „Inhalte" der digitalen Markenpräsenz zu definieren. Eine hierauf fußende Digitalisierungsstrategie setzt sich zum einen zum Ziel, die spezifischen Leistungen allein in den Fokus der Präsenz zu rücken und zum anderen festzulegen, was das Publikum bzw. die Kunden bei bzw. nach einem Markenerlebnis vom Unternehmen (unkontrolliert) denken sollen.

Das Kommunikationsziel einer digitalen Präsenz ist es, spezifische Eigenschaften des Unternehmens zu vermitteln (nicht mehr als zwei bis drei). Die entscheidende Herausforderung besteht darin, wie die Aussage des Erfolgsbausteins auf einen digitalen Kanal übertragen werden kann.
Im Folgenden wird die Umsetzung Schritt für Schritt beschrieben. Grundsätzlich verläuft der Weg in einer systematisierten Logik, der zunächst Inhalte und Ziel definiert und diese nutzt, um den kreativen Prozess zielgerichtet zu führen Zunächst werden die Prämissen für eine digitale Markenpräsenz eindeutig formuliert:

Aufgabenstellung für eine digitale Markenpräsenz
Die Marke wirbt ...

- mit ihren konkreten Leistungsinhalten
- mit einer nachvollziehbaren Überzeugungslogik
- nach einem spezifischen Gestaltungsmuster
- mittels gerichteter Kreativität

Bei der Gestaltung müssen sichergestellt werden...

- die eindeutige Markenzuordnung
- eine deutliche Differenz zum Wettbewerbsumfeld
- die Selbstähnlichkeit mit der bisherigen Werbung

4.3.4 Der Entwicklungsprozess am Beispiel der Marke „Werkzeughändler X"

Schritt 1: Erfassung der für die Kommunikation relevanten Leistungsinhalte aus dem Erfolgsprofil der Marke
Nachdem das Leistungsportfolio der Marke durch die Analyse des genetischen Codes vorliegt, gilt es, die entscheidenden Treiber der Markendurchsetzung zu benennen. Dabei sind zwei Varianten möglich:

1. Entweder wird in einem moderierten Prozess von Führungskräften und Personen, die täglichen Kundenkontakt haben, festgelegt, welche Erfolgsbausteine bzw. Komponenten im Tagesgeschäft die höchste Überzeugungskraft haben. Diese Inhalte werden anschliessend im Rahmen eines Rankings bewertet.

2. Zum anderen ist es möglich, die einzelnen Komponenten im Rahmen einer Marktforschung durch das Publikum bewerten zu lassen. Das übliche Vorgehen ist, jede einzelne Komponente hinsichtlich ihrer „Wichtigkeit" für das Publikum auf einer Skala von 1 bis10 bewerten zu lassen. Konkret wäre dies die Frage:

Für wie wichtig halten ist es für Sie, dass Sie immer mit ihrem langjährigen, persönlichen Bankberater in Kontakt treten können? Bitte bewerten Sie die Wichtigkeit auf einer Skala von 1 bis10.

Indem sämtliche Leistungsinhalte in diesem Ranking geprüft werden, entsteht eine „Bedeutungslandkarte" über das gesamte Erfolgsprofil der Marke, das die Entscheidung für bestimmte Kommunikationsinhalte nachvollziehbar macht.

Schritt 2: Aufbereitung besonders überzeugender Leistungsinhalte
Im Fall des Werkzeughändlers wurden folgende Komponenten selektiert:
- **Erfolgsbaustein „Regionalprinzip":**
  - Der Werkzeughändler bedient in der Regel einen Umkreis bis max. 50 km um den Standort.
  - Das Unternehmen ist ein Traditionsbetrieb und „bekannt" in der Branche.
  - Viele Mitarbeiter und Berater (v. a. Außendienst) stammen aus der Region und beherrschen den „lokalen Zungenschlag" bzw. sind vernetzt.
  - Das Ladengeschäft teilweise mit privaten Zugänglichkeiten, ist in der Region bekannt.
  - Der Außendienst nutzt die „Nähe" als Verkaufsargument.
  - Teilweise eigener, sehr flexibler Zustell- und Abholservice.
- **Erfolgsbaustein „Inhaber als nahbare Persönlichkeit"**
  - Das Unternehmen wird von einem langjährigen Geschäftsführer geführt; klassischer Familienbetrieb.
  - Der Geschäftsführer ist im Tagesgeschäft präsent (durchschnittlich 50 % des Arbeitstages werden im Kundenkontakt verbracht).
  - Der Geschäftsführer pflegt aktiv den Kundenkontakt.
  - Der Geschäftsführer wird in Drucksachen, Werbemitteln und auf der Website vorgestellt. Die „familiäre Atmosphäre" wird betont. Es wird explizit auf die Erreichbarkeit hingewiesen.
  - Festtagsgrüße und Einladungen werden vom Geschäftsführer persönlich unterschrieben

- **Erfolgsbaustein „Der persönliche Ansprechpartner zeigt Lösungen auf"**
  - Außen- und Innendienst sind personell gut ausgestattet.
  - Es erfolgen regelmäßige Kundenbesuche.
  - Der Ansprechpartner befindet sich meist in räumlicher Nähe zum Kunden und ist ad hoc abrufbar.
  - Die Mitarbeiter sind qualifiziert mit fundierter Erfahrung bzw. Vor-Schulung.
  - („Alte Hasen" bilden neue Mitarbeiter aus: Branchenfremde erhalten eine umfassende Einweisung.)
  - Die langjährige Beschäftigungsdauer der Berater fördert das Vertrauensverhältnis zu den Kunden und ermöglicht eine enge Beziehung.
  - In der Regel liegt eine äußerst aussagekräftige (elektronische) Kundendatei vor, die Besonderheiten/Ansprüche der Kunden dokumentiert.

Schritt 3: Entwicklung, Formulierung und Auswahl starker Kommunikationsziele für den digitalen Kanal
In Rückgriff auf die strategischen Zielsetzungen der Markenführung sowie eventueller Marktforschungsergebnisse werden die intendierten Kommunikationsziele definiert. Sie bilden die Leitlinien für den Kreativprozess. In diesem Fall:

> **Beispiel**
>
> „Der Werkzeughändler …
>
> - … ist das Unternehmen mit der persönlichsten Betreuung."
> - … ist (fast) überall zu erreichen."
> - … ist verlässlich und am einzelnen Kunden interessiert."

Anschließend wird ausgewählt, welche konkreten Leistungen/Komponenten am ehesten dazu geeignet wären, die o. g. Ansprüche zu verdeutlichen. Dies wird exemplarisch an der Aussage „Der Werkzeughändler X ist der Händler mit der persönlichsten Betreuung" vorgenommen.

> **Beispiel**
>
> - **Kommunikationslogik:** „Der Werkzeughändler … ist das Unternehmen, das sich am persönlichsten um ihre Kunden kümmert …"
> - **Überzeugungs-Logik:** „… denn die Mitarbeiter treten nicht als anonyme Verkäufer auf, sondern sind Teil des Lebensumfeldes und des Alltages ihrer Kunden."

- **Dahinter stehende Fakten (siehe Erfolgsbausteine):**
  - Inhaber als nahbare Persönlichkeit
  - Der persönliche Ansprechpartner zeigt Lösungen auf
  - Regionalprinzip

Im Rahmen der digitalen Transformation muss nun die Frage beantwortet werden, durch welche Attribute, Signale und Leistungen die Marke Werkzeughändler X den o. g. Anspruch der Entanonymisierung im Netz einlösen kann. Denkbar wäre eine klar erfassbare Personalisierung für den Kunden: Bei Einloggen in sein Kontobereich werden nicht nur die üblichen Kontoinformationen angezeigt, sondern – in gut sichtbarer Weise – ein Foto mit dem zuständigen Bankberater mit Kontaktdaten und der Aufforderung bei Bedarf das Gespräch zu suchen.

Schritt 4: Gestalterische Anbindung des digitalen Kanals
Wie zuvor verdeutlicht wurde, beruht die Markenwahrnehmung zum einen auf konkreten Leistungsinhalten im Tagesgeschäft und zum anderen auf sinnlich erfahrbaren Gestaltungselementen. Diese werden unter einem gestalterischen „Speicherplatz", der Corporate Identity, im Denken der Menschen abgelegt: Man sieht eine blaue Dose und denkt an NIVEA. Dabei ist es entscheidend, dass stets eine irritationsfreie Zuordnung über die Sinne möglich ist. Hätte NIVEA alle Jahre ihre Dosenfarbgebung den jeweils angesagten Farbtrends angepasst, dann würde der Automatismus Blau = NIVEA nicht funktionieren. Daher sind Veränderungen (meist unter dem Stichwort „Die Marke muss frischer auftreten") höchst sensibel vorzunehmen. Markensoziologisch gilt die Regel, dass der „beste gestalterische Markenrelaunch" immer der ist, den die Kundschaft nicht bemerkt, also „selbstähnlich" geschieht. Diese Sensibilität ist auf alle Bereiche auszudehnen, die für die Wahrnehmung der Marke von Bedeutung sind. Ein systematisches Vorgehen umfasst folgende Stufen:

- Erfassung und Bestimmung der Elemente für das Gestaltungsmuster
- Bestimmung der Strukturelemente des Markenauftritts (Markenname, Logo, Schriftmarke, Bildmarke, typische Schriften, Farben, Grafik)
- Erfassung der typischen Inhaltsstrukturen aus der klassischen Kommunikation (Slogan, Jingle, Musik, Erzählstil, Farbklima, Produkt, Packung, Requisiten, Menschen, soziale Plattformen, Ambiente)

Schritt 5: Überprüfung
Die Umsetzung eines digitalen Kanals sollte nach den nachfolgenden Parametern bewertet werden:

- Die Programmierung folgt dem definierten Gestaltungsmuster, die Markenanbindung ist sichergestellt.
- Der digitale Kanal gibt die ausgewählten Kommunikationsinhalte wieder.
- Die Lösung korrespondiert mit dem festgelegten Kommunikationsziel.
- Die ausgewählte Überzeugungslogik wird eindeutig in den Fokus gerückt.
- Der digitale Kanal ist selbstähnlich zu den analogen Präsenzen.

Mit diesem Rüstzeug ausgestattet, wird die digitale Transformation eines Unternehmens so gelenkt, dass bereits bestehende Markenenergien sinnvoll verwendet und selbstähnlich weiterentwickelt werden können. Der digitale Kanal entlädt also die bestehende Marke nicht, irritiert auch nicht die Erwartungshaltung der bestehenden Kunden, sondern überträgt die typischen Markenleistungen zeitgemäß. Das übergreifende positive Vorurteil hinsichtlich der Marke wird – auch in Bezug auf neue Kunden – weiter vertieft und gestärkt mit dem Ziel, anhand konkreter Markenleistungen auch in einem höchst unübersichtlichen Umfeld zu bestehen.

Content Marketing als Lösungsansatz? 5

Es sollte deutlich geworden sein, dass auch eine digitale Markenstrategie, wenn sie langfristig greifen soll, stets von „innen nach außen" konzipiert werden muss. Die Biografie der Marke gibt im Sinne der kollektiv verankerten Zuverlässigkeit die inhaltlich-gestalterischen Leitlinien vor. Eine dramatische Fehlerquelle ist für eine Marke immer dann gegeben, wenn generellen Erfolgsformeln oder Instrumenten gefolgt wird. Vor den Herausforderungen der Digitalisierung wird vor allem das sog. Content Marketing als adäquate Lösungsmöglichkeit dargestellt, um die vielfältigen Ansprüche (s. Kap. 5) zu bewältigen und die angestrebte Interaktion mit den Kunden zu realisieren. Bereits Bill Gates wies unter dem Titel „Content is king" im Jahr 1996 auf die Bedeutung von Inhalten hin: Das Netz würde sich zu einem Marktplatz der Inhalte entwickeln. Die Herausforderung und Aufgabe einer geschickten Marketingstrategie liege darin, aufmerksamkeitsstarke Geschichten zu verbreiten, die den Marken „guten Content" verleihen würden. Denn das klassische Marketing wird in der Regel nur noch als Unterbrechungsquelle wahrgenommen: „Das klassische Marketing bezeichnet man auch als ‚Unterbrechungsmarketing', weil die an den Empfänger gerichteten Botschaften ihn bei einer anderen Tätigkeit unterbrechen. Fernseh- und Radiowerbung unterbricht das Programm. Anzeigen unterbrechen den Lesefluss, und Telefonmarketing unterbricht den Angerufenen bei seiner Tätigkeit." (Heinrich 2017, S. 10) Speziell die junge Generation würde Werbung vollständig ablehnen und nur dann Marken wahrnehmen, wenn deren Kommunikationsäußerungen einen Mehrwert böten.

Content Marketing beschränkt die kommunikative Betonung auf das Unternehmen und seine Produkte – zumindest zu Beginn – und fokussiert auf die Inszenierung übergreifender Informationen und zielgruppen-gefälliger Unterhaltung. Das Ziel besteht darin allgemeine Relevanz und öffentliches Vertrauen

© Springer Fachmedien Wiesbaden GmbH, ein Teil von Springer Nature 2018   41
O. Errichiello und A. Zschiesche, *Praxis-Check digitale Markenführung im Mittelstand*, essentials, https://doi.org/10.1007/978-3-658-22597-1_5

zu erlangen, um eine stabile Beziehung aufzubauen: Erst das Interesse und dann die Verkaufsbotschaft. Unternehmen haben die Aufgabe, zunehmend zu „Publishern" in eigener Sache zu werden. Deshalb sei es wichtig, eine emotionale und authentische Kommunikation aufzubauen, die den Menschen und seine Erfahrungen in den Vordergrund rücke. Social Media meint das Teilen von Informationen, und zwar Informationen, die Menschen aufgrund ihrer individuellen Erfahrungen machen und mit anderen austauschen. Mit anderen Worten: Die Interaktion ist das entscheidende „Neue" in Bezug auf die Kommunikationswege. Diese Veränderung der Kommunikationsebenen führe zu einer Machtverschiebung vom Produzenten zum Konsumenten. Marken fungierten demnach als Content-Lieferanten für die Gemeinschaft, die sich um sie herum bildet. Dazu nutzen sie unterschiedliche Medien und werden zunehmend selbst zu Medienmarken.

> ⟫   Content Marketing soll der digitalen Marke kommunikative Relevanz
      verleihen, um Teil des „relevant set" zu werden.

Die sog. „Markenführung 2.0" via Content Marketing postuliert dementsprechend für sich, der erste und entscheidende Kommunikationskanal zum Kunden zu sein. Hinzukommt, dass diese Formen der Kommunikation dem Unternehmen wertvolle Hinweise auf die Bedürfnisse bestehender und potenzieller Kundschaft geben könnten (sog. „Engagement Touchpoints"). Feedback und Mitgestaltung seien Schlüsselbegriffe einer modernen, digitalen Markenführung (sog. partizipative bzw. responseorientierte Markenführung), und das sog. „Einweg-Marketing" sei tot. Die Autoren Andre Alpar, Markus Kozcy und Maik Metzen schreiben:

> Durch die gezielte Zielgruppenansprache und die Bereitstellung von Inhalten mit Mehrwert sollen Glaubwürdigkeit geschaffen, Emotionen geweckt und schlussendlich bestehende und potenzielle Kunden erreicht und gebunden werden. Ziel ist die nachhaltige Verknüpfung von Unternehmen und Marken mit Inhalten. Der Fokus liegt dabei in keinem Fall auf direkten Werbebotschaften, sondern auf informativem, unterhaltendem und hilfreichem Content (Alpar et al. 2015, S. 318).

Zusammengefasst und von sämtlichen Hype-Begriffen bereinigt lassen sich folgende Prinzipien für die Kommunikation im Netz formulieren:

Grundprinzipien der Kommunikation im Netz
- Ehrlichkeit
- Authentizität
- Offenheit/Transparenz
- Kommunikation auf Augenhöhe
- Relevanz
- Kontinuität

Jedoch: Beschaut man sich die realen Aktionen seitens der Kunden, so ist das tatsächliche Engagement in sozialen Medien, das Menschen mit ihren Marken eingehen, vor dem Hintergrund der Verkaufszahlen immer noch äußerst gering. Kurzum:

▷ Bisher wollen die wenigsten Menschen mit ihren Marken ein inniges Kommunikationsverhältnis pflegen, sondern einfach ihre Leistungen in Anspruch nehmen. Ganz profan: Sie wollen Lösungen kaufen.

Marken werden auch im 21. Jahrhundert noch nicht als unumstößliche Freunde wahrgenommen, und die meisten Menschen pflegen lieber ihre „love partner", denn ihre „love brand". Nur am Rande sei erwähnt, dass zwar die Digitalisierung immer weiter voranschreitet, aber zeitgleich ebenso die Analogisierung: Der Erfolg der „Craft"-Bewegung, die „Liebe zum Garten, Kochen", ja sogar zur Heimat füllt Fernsehsendungen, Magazine und sogar die Abgeordnetenreihen der Parlamente.

Es macht Sinn, sich erneut den Zweck einer Marke zu vergegenwärtigen: Marken sollen Komplexität fokussieren und Probleme lösen. Sie sollen mithilfe ihrer Verlässlichkeit dem einzelnen Kunden die Möglichkeit geben, in dieser Welt ohne großen Aufwand zu bestehen. Gemeinschaft mit Gleichgesinnten (neudeutsch: Marken-Community) ist sicherlich in einer (jungen) Lebensphase wichtig und relevant, aber wird mit zunehmenden Alter nebensächlich, denn dann zählt vor allem die Leistung in Bezug auf meine engste Gruppe (vor allem Familie): Von daher ist das digitale Markenverständnis sehr stark von jungen Zielgruppen geprägt (diese Gruppen bilden auch die kreative Elite in Werbe- und Trendagenturen). Es ist jedoch mitnichten so, dass dies ein realistischer Blick auf die Befindlichkeiten der Gesellschaft ist. Ein Beispiel: Immer wieder wird die Share-Community betont. Die wachsenden Kundenzahlen geben dem Phänomen sicherlich eine besondere Relevanz. Jedoch: In Deutschland gab es 2017

43,8 Mio. Kraftfahrzeuge … davon sind 9400 Car-Sharing Autos. Dennoch haben wir den Eindruck, dass das Phänomen übergreifend beherrschend sei. Für eine vierköpfige Familie oder einen gehbehinderten Menschen sind diese Modelle aber wenig praktikabel.

> Partizipation bei der Markenführung ist weiterhin ein Minderheiten-
> thema. Marken sollen Probleme lösen, nicht Aufgaben stellen.

Gerade in einem (Berufs-) Alltag, der von Stress und hohen Anforderungen geprägt ist, stellt sich die Frage, ob der einzelne Mensch die Kraft und Energie hat, sich der Führung und Inspiration, geschweige denn dem intensiven Austausch mit „seiner" Marke zu widmen. Viel eher ist die Aufgabe der Marke, das Leben an einem bestimmten Punkt zu vereinfachen: Wenn die Mutter ihrer Tochter sagt „Mit Nivea kannst du nichts falsch machen", dann wird der eigentliche Prüfungs- und Probiervorgang um ein Vielfaches reduziert. Selbst ein gefeiertes Übernachtungsnetzwerk wie Airbnb setzt zunehmend auf Standardisierungen: Die Macher mussten feststellen, dass viele Kunden eher auf erwartbare Standards statt auf das Mieten von Privatzimmern setzen möchten – und sucht nunmehr Kooperationen mit Hotels. Überraschungen können, müssen aber nicht schön sein …

Es ist anzunehmen, dass die Beschäftigung mit Marken auf eine relativ überschaubare Anzahl an „Fans" bzw. (junge) Menschen, deren Alltag noch nicht so komplex und vielschichtig ist wie in einer späteren Lebensphase, beschränkt ist. Ist der konstatierte Aktionswille der Kunden nicht eher ein Randphänomen für Massenmarken? Beschaut man sich die Fanzahlen in den sozialen Netzwerken wie Facebook bei „schnelldrehenden Konsumgütern", so umfassen diese noch nicht einmal einen Bruchteil der täglichen Käufer. Diese Erfahrung deckt sich mit der markensoziologischen Erfahrung, dass Marken schnell und unkompliziert Anforderungen erfüllen sollen: egal, ob es sich um Fleckentfernung oder eine dreitägige Städtereise handelt.

Ähnlich verhält es sich mit der öffentlichen Relevanz von Marken im Alltag: Selbst die Thematisierung eventueller Vertrauensbrüche von Marken ist meist nur ein kurzes mediales Strohfeuer. Im Alltag setzen die meisten Menschen fast ausschließlich auf die eigentliche Problemlösungskompetenz ihrer Marke. Man beachte nur, dass VW niemals so viele Autos verkauft hat wie zum Höhepunkt der Abgasbetrügereien, dass IKEA weiterhin expandiert, obwohl seit über einem Jahrzehnt höchst fragwürdige Steuervermeidungsmodelle bekannt sind und die Herstellungsbedingungen von Apple (bzw. der fein säuberlich ausgegliederten Zulieferer) trotz hoher Wertschöpfung sicherlich nicht paradiesisch sind. Kurzum:

⧉ Unser Verhalten ist in den meisten Lebensphasen nicht partizipativ, sondern hochgradig eigenorientiert.

Die Vorstellung eines „neuen Menschen" prägte seinerzeit der kommunistische chinesische Revolutionär Mao Zedung – es ist sinnvoll, nicht unter digitalen Vorzeichen eine alte, aber falsche Vorstellung erneut zu verfolgen.

Literatur

Alpar, A., Kozczy, M., & Metzen, M. (2015). *SEO – Strategie, Taktik und Technik: Online-Marketing mittels effektiver Suchmaschinenoptimierung.* Wiesbaden: Springer Gabler.

Heinrich, S. (2017). *Content Marketing. So finden die besten Kunden zu Ihnen.* Wiesbaden: Springer Gabler.

Digitale Markenführung im Mittelstand 6

Auch wenn digitale Markenführung zum Teil mit dem Begriff „Revolution" in Verbindung gebracht und eine vollständige Umwidmung des Markenkonzepts postuliert wird, so macht es Sinn, eine rationale Sicht auf die Herausforderungen einer digitalen Markenführung auch und gerade für den Mittelstand vorzunehmen.

Klar ist: Ein Großteil der deutschen, schweizerischen und österreichischen Wirtschaft ist mittelständisch geprägt mit der folgenden Charakteristik: Zumeist ist das Unternehmen seit langem in einer Region ein eingeführte Anbieter, der in einem fest definierten geografischen Radius in der relevanten Zielgruppe teilweise über Generationen vertraut und bekannt ist. Neben einem variantenreichen Standardsortiment werden tradierte Verwendergewohnheiten bzgl. Marken und Verbrauch individuell bedient.

Für die Markenführung ist die Beobachtung wichtig, dass so gut wie keine klassischen Märkte bestehen, die ausschließlich von Zentralisten, d. h. Großunternehmen gebildet werden – zumeist vereinen die Zentralisten ca. 50 bis 60 % des Branchenumsatzes auf sich. Der Grund liegt im Organisationsverständnis der Zentralisten: Mögen die Großunternehmungen mit feinsten Marktforschungsmethoden die Bedarfe und Erwartungshaltungen ihrer Kunden dezidiert untersucht haben, wird eben nur das umgesetzt, was über die Menge Umsätze verspricht. Diese Erfahrung kumuliert in der Vertrieblerweisheit: Großunternehmen kaufen vor allem bei Großunternehmen – Mittelständler und Kleinunternehmer immer bei Mittelständlern. Die Begründung hierfür ist Folge der jeweiligen Produkt- und Dienstleistungsfokussierung: Großunternehmen sind deshalb Großunternehmen, weil sie standardisierte Lösungen zu meist preisführenden Konditionen anbieten, ihr „Großwerden" korrespondiert nahezu immer mit der Fähigkeit, in großen Mengen zu agieren. Die Bestell- und Abwicklungswege sind vollständig mit den jeweiligen Großkunden (bis in die Informatik hinein) synchronisiert.

Während sowohl die Zentralisten die Standard-Bedarfe preissensibel abdecken, kann der klassische Mittelständler funktionieren, weil er über die Standards hinaus wertschöpfungsrelevante Spezialisierungen im Bereich Produkt, Produktbereitstellung (Kleinstmengen) und Beratung anbietet. Meist haben sich die lokalen Unternehmen eigene, deckungsbeitragsorientierte Kompetenzfelder vor Ort erarbeitet. Das bedeutet:

> ⧓ Für den Mittelstand gilt übergreifend die „Lösungskompetenz" und
>   nicht das Standardgeschäft als betriebswirtschaftlicher Schlüssel.

Die Beratungsleistung durch einen individuellen Außendienst, der die Bedarfe seiner Kundschaft erkennt und auch personell in der Region verwurzelt ist, führt zu hohen Stammkundenanteilen (in der Regel 70–80 %), die gegen den Preiskampf der Zentralisten immunisiert.

Klar ist aber auch, dass der Lokal-Anbieter mit reiner Beratung und Persönlichkeitsorientierung allein nicht überleben kann. Individualität kostet Personal, d. h. Geld. Der Anbieter benötigt auch das preissensible Geschäft mit Standards, um die tagesgeschäftlichen Ansprüche seiner Kundschaft professionell zu befriedigen. Allein wären aber auf Einkaufseite keine lukrativen Konditionen erreichbar. In dieser Lücke agieren Kooperationen, Einkaufsverbände und Interessensgemeinschaften, die über alle Branchen hinweg bestehen und die Lokal-Anbieter differenziert in unterschiedlichen Qualitätsligen bündeln. Ob Reisebüros, DIY-Branche, Werkzeughandel oder Möbelbranche – eigenständige Unternehmer verhandeln und kaufen gemeinsam ein. Über diese existenzsichernde Funktion der Kooperationen bildet sich ein Interessensverband, ähnlich agierender, meist inhabergeprägter Unternehmen.

> ⧓ Die Tatsache, Mitglied einer leistungsfähigen Leistungsgemeinschaft
>   zu sein, ermöglicht es vielen lokalen Unternehmen, in erster Linie als
>   regional verankerter Betrieb aufzutreten, aber über die Möglichkeiten
>   eines international agierenden Konzerns zu verfügen.

Die Mitglieder innerhalb ihres jeweiligen Geschäftsgebiets agieren als selbstständige Unternehmen und schöpfen ihre Heimmärkte aktiv aus. Von dem dort gewonnenen Wissen und den Erkenntnissen profitiert wiederum der Verbund.

Der typische Kunde genießt alle Vorteile eines – im Verhältnis zum Weltkonzern – kleinen mittelständischen Betriebes: direkte, persönliche Ansprechpartner, mit denen oft eine langjährige Beziehung besteht, sowie schnelle, unkomplizierte Hilfe bei Problemen. Auch erlaubt die regionale Nähe im Notfall bspw. eine Anlieferung binnen kürzester Zeit. Wenn jedoch besonders komplexe Anforderungen auftauchen, kann jedes Unternehmen auf die Zugehörigkeit zu einem leistungsfähigen Verbund verweisen.

Dieses strukturelle Wissen ist entscheidend, denn es muss auch digital abgebildet werden. Der Kommunikations- und Vertriebskanal mag netzbasiert sein, aber die Inhalte müssen den erfolgsbedingenden Gründen entsprechen. Sie sind nachfolgend aufgeführt:

Das Erfolgsgeheimnis mittelständischer Unternehmen
- Mittelständische Unternehmen sind erfolgreich, weil sie individuelle Lösungen anbieten – über das Produkt hinaus.
- Mittelständische Unternehmen sind erfolgreich, weil sie die Bedürfnisse ihrer Kunden durch persönliche Nähe sehr genau kennen.
- Mittelständische Unternehmen sind erfolgreich, weil sie Standard-lösungen über Kooperationen und Zusammenschlüsse abdecken.
- Mittelständische Unternehmen schöpfen ihre Markenkraft aus den positiven Erfahrungswerten, die sich über die Zeit in einem bestimmten geografischen Gebiet aufgebaut haben.
- Für mittelständische Unternehmen ist die digitale Präsenz ein weiterer Kanal für Zugänglichkeit. Die digitale Präsenz darf die persönliche Nähe nicht ersetzen, sondern muss sie vertiefen und vereinfachen.

6.1 Digitale Anforderungen und mittelständische Marktkompetenzen miteinander verknüpfen

Die Marke als lebendige Interaktion definierter Leistungsfelder unter einem bekannten Dach steht trotz aller Anpassungsempfehlungen nicht zur Disposition. Im Gegenteil: In einer Welt, die immer unübersichtlicher wird, muss eine Marke umso stärker und deutlicher ein klares Feld besetzen, also etwas *markieren*. Die entscheidende Aufgabe bleibt bzw. ist die Verdichtung von Komplexität.

Dreh- und Angelpunkt der digitalen Markenführung liegt also in der Erarbeitung des „genetischen Codes" einer Marke. Die klare Ausarbeitung der Leistungsfelder dient als Blaupause, mit der eine Transformation in das Internet und alle anderen digitalen Kanäle gelingen kann.

In diesem Sinne sollte sich eine mittelständische Marke auch im Netz nicht neu erfinden, sondern ihre Signalstruktur in die digitale Welt übertragen bzw.

ganz faktisch für die digitale Welt erarbeiten (sofern es um eine Markenneu-
gründung geht). Orientierung dafür bietet der genetische Code der Marke.
Auf Basis von Markensoziologie, verändertem Informationsverhalten und mit
Blick auf die „digitalen Marketingmoden" wird im Folgenden eine stichwortartige
To-do-Liste für eine langfristig orientierte digitale Markenführung entwickelt.

To-do-Liste für eine nachhaltige digitale Markenführung im Mittelstand

1. **Die Basis schaffen:** Die besondere Herausforderung liegt darin,
   klassisch-analoge sowie digitale Kontaktmöglichkeiten sinnvoll und
   selbstähnlich zueinander und auf Basis des genetischen Codes der
   Marke miteinander zu verknüpfen. Dazu ist es unumgänglich, das
   Leistungsportfolio des Unternehmens, also die konkreten Leistungsinhalte, die das positive Vorurteil der Marke bedingt hat, en detail
   herauszuarbeiten. Markenvertrauen beruht auf Markenauthentizität:
   Die kleine Buchhandlung muss sich überlegen, wie sie ganz konkret
   den Charme ihres Hauses in die digitale Welt transferiert. Deshalb ist
   es sinnvoll, im Sinne des genetischen Codes zu handeln.

2. **Die Basis digitalisieren:** Nachdem der genetische Code des Unternehmens, das Erfolgsprofil mit den konkreten Erfolgsbausteinen,
   vorliegt, gilt es, die übergreifende Definition zu nutzen, um Reali-
   sierungen auf der digitalen Ebene zu entwickeln. Beispiel: Wie kann
   „persönliche Nähe" digital umgesetzt werden? Verknüpfung mit einem
   persönlichen Ansprechpartner mit Telefonnummer und Bild trotz digitaler Bestellmöglichkeit?

3. **Leistungen visualisieren:** Die Aufnahme und Bewertung von Information hat sich verändert: Visuelle Inhalte werden immer wichtiger.
   Bewegtbilder führen zu höherem Engagement als Text. Dabei geht
   es nicht zwingend um Videos. Auch gut gemachte Fotos können wirken. Für Videos gilt: Was nicht in den ersten Sekunden fesselt, wird
   weggeklickt. Deshalb geht es im Internet nicht darum, möglichst viele
   Informationen zur Verfügung zu stellen, sondern die Informationen
   auf zwei bisdrei Inhalte zu verdichten und diese möglichst bildhaft zu
   inszenieren – man achte auf das kleine Display eines Smartphones,
   in dem all dies stattfinden soll. Es gilt: Fokussierung, Fokussierung,
   Fokussierung. Was soll den Menschen spontan einfallen, wenn sie den
   Namen Ihrer Firma hören? Gerade in einem unpersönlichen Umfeld
   wie dem Internet schaffen vor allem Menschen Vertrauen. Es gilt,
   Menschen darzustellen.

4. **Persönliche Bewertungen:** Menschen vertrauen der Werbung nicht mehr, deshalb sollten Bewertungsmöglichkeiten und Kommentarfunktionen besonders deutlich hervorgehoben werden. Es gilt: Je mehr Bewertungen, desto höher die Anzahl der Verkäufe. Und: 4-Sterne-Bewertungen verkaufen ein Produkt dreimal besser als reine 5 Sterne Bewertungen, denn Kunden können mittlerweile „richtige" Bewertungen von „gekauften" zu unterscheiden.

5. **Technik folgt Marke – nicht umgekehrt:** Die Praktikabilität („Usability") wird als entscheidend für eine Website angesehen: Auch hier gilt: Was für ein Unternehmen richtig sein kann, mag für ein anderes nicht gelten. Entscheidend ist, ob die Charakteristik des Unternehmens selbstähnlich umgesetzt wird. Schnelligkeit kann für ein Unternehmen, welches für Präzision steht, kontraproduktiv sein.

6. **Erwartungen typisch erfüllen:** Die Analyse des genetischen Code der Marke gibt viele Einsichten in die Erwartungshaltung der Kunden, daher stellt sich die Frage, wie man diesen Leistungsannahmen im Internet am besten entspricht. Nicht der eigene organisatorische Aufbau ist daher entscheidend, sondern die Frage, wie man diese Erwartungshaltung am besten erfüllt. Denken Sie nicht aus der Perspektive der Organisation, sondern aus der Sicht des Kunden und strukturieren Sie die digitale Präsenz danach. Aber Vorsicht: Marke ist immer der Wunsch, die Welt in seinem Bereich in spezifischer Art und Weise zu interpretieren. Sämtliche Anpassungen müssen auf Basis des eigenen Leistungsportfolios geschehen.

7. **Richtige Kanäle auswählen:** Jeder Kanal folgt seinen eigenen Gesetzmäßigkeiten. Es gilt: Lieber weniger Kanäle bespielen als alle schlecht. Machen Sie nicht Facebook, weil alle Facebook machen, sondern fragen Sie sich, ob dieser Kanal relevant für Ihre Kunden ist und vor allem auch, ob er sinnvoll und regelmäßig von Ihnen gepflegt werden kann.

8. **Content fokussieren:** SEO (Search Engine Optimizing) ist eine Methodik, um bei Google auf die vordersten Plätze zu gelangen. Die Bewertungsgrundlage liegt bei Google und ist nicht in allen Einzelheiten bekannt. Die Parameter der Bewertung ändern sich jedoch immer wieder. Grundsätzlich war in den letzten Jahren die Bewertungsgrundlage „relevanter Inhalt" besonders wichtig. Folge: Internetseiten waren angefüllt mit Beschreibungen und langen Texten in der Hoffnung, dass diese Inhalte zu einem guten Ranking führen

würden. Das Problem war allerdings, dass Inhalte und Verdichtung bzw. Komplexitätsreduzierung gegeneinander spielten. Denn was nützt ein gutes Ranking, wenn die Besucher keinen Überblick mehr über die Kernleistungen des Unternehmens erhalten? Das bedeutet: Zuerst kommt eine selbstähnliche Website und erst dann eine „passende" SEO-Strategie. Nie vergessen: Der Mensch schließt von der Form auf den Inhalt.

9. **Erfolgreich ist, was verkauft. Aufmerksamkeit ist keine Währung:** Kampagnen und Beiträge sollten regelmäßig gemessen werden. Es ist wichtig zu wissen, was gut ankommt, denn hier gilt es zu vertiefen. Aber nicht vergessen: Der entscheidende Erfolgsparameter ist immer noch der Abverkauf.

10. **Persönlich schlägt digital:** Seien Sie auch weiterhin persönlich erreichbar. Wenn das Haus brennt, würden Sie auch nicht per E-Mail-Nachricht die Feuerwehr rufen. Das bedeutet: Gerade bei Problemen verärgern FAQ-Bereiche oder anonyme „Hilfsbereiche" mit vorgefertigten Fragen und Antworten. Man will sein Problem mit einem Menschen lösen. Das Angebot, ein Telefonat zu führen oder sogar persönlich vorbeizukommen, macht eine digitale Präsenz nur noch stärker.

6.2 Fazit

In einer vernetzten Welt mit komplexen und alternierenden Strukturen sollte die Marke alle Teilsysteme von der Mitarbeiterschaft bis zur Kundschaft miteinbeziehen, um die Erfahrungen aller zu nutzen. Beziehung als Bündnisform unter Menschen wird zu einem wichtigen Asset und zur vielleicht wichtigsten Währung digitaler Markenpräsenzen. Dies gelingt aber nur, wenn Marken zuerst bei sich anfangen, klar herauszuarbeiten, wofür sie stehen und wer sie sind. Ohne ihr Kernleistungsversprechen und ihre Gestaltstilistik zu kennen, bleiben sie charakterlose Wesen, die nur durch „lautes Schreien", d. h. hohen Werbeeinsatz auf sich aufmerksam machen können.

Die Teilhabe im Netz ist usergeneriert, und der Markenmanager hat die Aufgabe, diese Äußerungen nicht nur wahrzunehmen, sondern im Sinne der Marke selbstähnlich einzupflegen. Unternehmen managen das Glaubenssystem um eine Leistung herum, und zwar so, dass sie geglaubt werden und dauerhaft Bindungen erzeugen mit dem eigentlichen Zweck, wirtschaftlich lukrative Verbindungen zu schaffen. Im Endeffekt soll immer Geld verdient werden. Eine schwierige Aufgabe, weil eine Vielzahl von Wünschen und Eindrücke auf den Menschen im Kommunikationsgewitter pausenlos einwirken. Es gilt, das „Passende" auszuwählen, dem Markencodex treu zu bleiben. Nicht vergessen: Marken sind positive Vorurteile – egal ob auf dem Marktplatz oder in den unendlichen digitalen Weiten.

Was Sie aus diesem *essential* mitnehmen können

- Eine Marke ist ein soziales Phänomen, das betriebswirtschaftliche Auswirkungen hat. Deshalb gilt es, die sozioökonomischen Grundgesetze der Markenführung zu kennen, um sie gezielt einzusetzen.
- Die gängigen, aufmerksamkeitsorientierten „Emotionalisierungstheorien" der digitalen Markenführung werden vorgestellt. Das Buch nimmt eine Gegenposition zu den kurzfristigen Digitalisierungsstrategien ein und verdeutlicht, dass gerade in Zeiten des Kommunikationsgewitters die übergreifenden Grundprinzipien der Vertrauensbildung gelten.
- Es stellt sich heraus, dass insbesondere im Netz nur dann langfristig wirtschaftlich agiert werden kann, wenn es gelingt „Gewohnheitsmuster" einer Marke zu verankern und zu pflegen.
- Die Marke beruht auf einem Ursache-Wirkungsprinzip, das exemplarisch verdeutlicht wird. Dieser „genetische Code" bildet den Bauplan für die digitale Transformation eines Unternehmens.
- Die theoretischen Überlegungen zur Markenpositionierung werden schließlich beispielhaft operationalisier

© Springer Fachmedien Wiesbaden GmbH, ein Teil von Springer Nature 2018
O. Errichiello und A. Zschiesche, *Praxis-Check digitale Markenführung im Mittelstand*, essentials, https://doi.org/10.1007/978-3-658-22597-1

Printed in the United States
By Bookmasters